Heibonsha Library

サンス夜話

平凡社ライブラリー

Heibonsha Library

ルネッサンス夜話

近代の黎明に生きた人びと

高階秀爾

平凡社

本著作は一九七九年六月に平凡社より刊行されたものです。

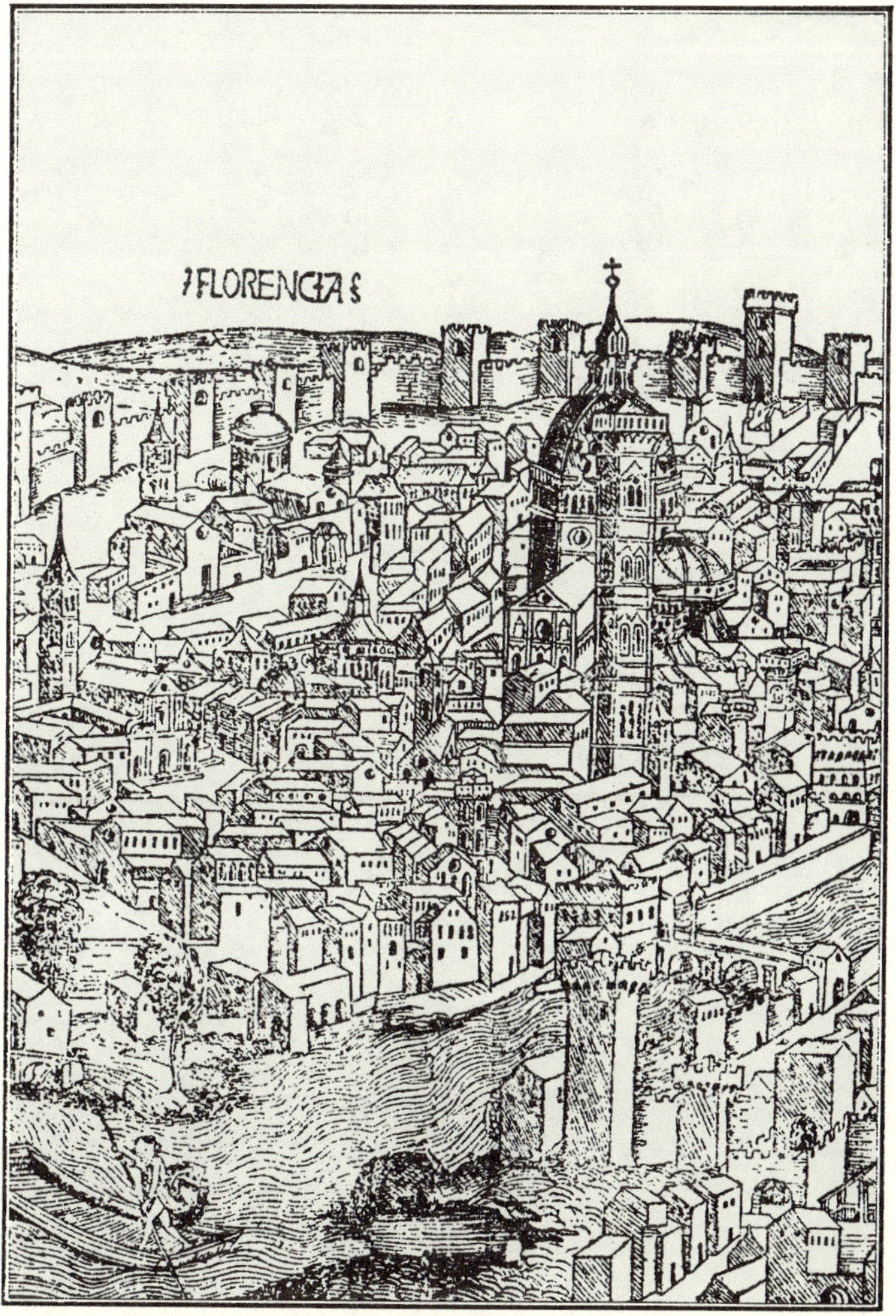
FLORENCIA

目次

15世紀のイタリア
0
100
200km
スイス
サヴォア公国
ピエモンテ
トリノ
サルッツォ
ミラノ
ミラノ公国
ジェノヴァ
ヴェネツィア共和国
パドヴァ
ヴェネツィア
トリエステ
オスマン・トルコ帝国
フェラーラ
ボローニャ
フィレンツェ
アルノ川
ウルビノ
アンギアリ
フィレンツェ共和国
シエナ
シエナ共和国
教皇領
アドリア海
コルシカ
ローマ
ナポリ王国
ナポリ
サルディーニャ
ティレニア海
地中海
パレルモ
シチリア王国
イオニア海

1　メディチ家の金脈と人脈

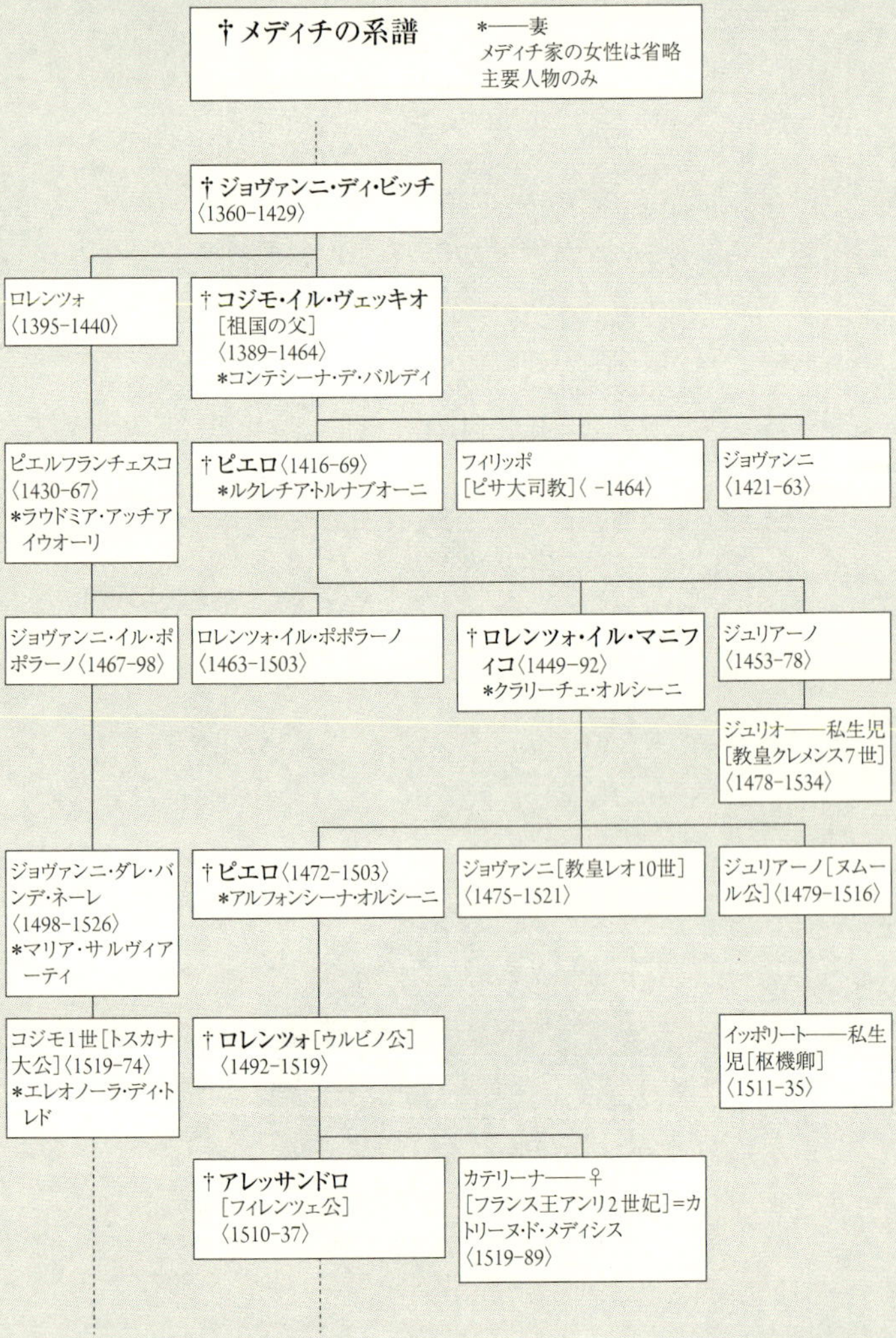

† メディチの系譜
*——妻
メディチ家の女性は省略
主要人物のみ
† ジョヴァンニ・ディ・ビッチ〈1360-1429〉
ロレンツォ〈1395-1440〉
† コジモ・イル・ヴェッキオ［祖国の父］〈1389-1464〉 *コンテシーナ・デ・バルディ
ピエルフランチェスコ〈1430-67〉 *ラウドミア・アッチアイウオーリ
† ピエロ〈1416-69〉 *ルクレチア・トルナブオーニ
フィリッポ［ピサ大司教］〈 -1464〉
ジョヴァンニ〈1421-63〉
ジョヴァンニ・イル・ポポラーノ〈1467-98〉
ロレンツォ・イル・ポポラーノ〈1463-1503〉
† ロレンツォ・イル・マニフィコ〈1449-92〉 *クラリーチェ・オルシーニ
ジュリアーノ〈1453-78〉
ジュリオ——私生児［教皇クレメンス7世］〈1478-1534〉
ジョヴァンニ・ダレ・バンデ・ネーレ〈1498-1526〉 *マリア・サルヴィアーティ
† ピエロ〈1472-1503〉 *アルフォンシーナ・オルシーニ
ジョヴァンニ［教皇レオ10世］〈1475-1521〉
ジュリアーノ［ヌムール公］〈1479-1516〉
コジモ1世［トスカナ大公］〈1519-74〉 *エレオノーラ・ディ・トレド
† ロレンツォ［ウルビノ公］〈1492-1519〉
イッポリート——私生児［枢機卿］〈1511-35〉
† アレッサンドロ［フィレンツェ公］〈1510-37〉
カテリーナ——♀［フランス王アンリ2世妃］=カトリーヌ・ド・メディシス〈1519-89〉

i

ルネッサンスの華麗な芸術活動をささえたものとして、富裕な愛好家の理解と援助があったことは広く知られている。そのなかでも、フィレンツェのメディチ家の芸術保護者としての役割は、伝説的と言ってもよいであろう。事実、今日でも、このアルノ河畔の町に残る数多くの芸術作品やモニュメントに、メディチ家の思い出は色濃く残っている。世に伝えられているメディチ家の保護活動が実際にどのようなものであったかということも大きな問題であるが、それと同時に、そのような保護活動を可能ならしめたメディチ家の財力がどれくらいあったかということも、われわれの興味を惹く問題であろう。しかも、一般の美術史や歴史書では、詳しいことはあまり述べられていないので、残された資料を手がかりに、その実態を調べてみることとしたい。もっとも、メディチ家と言ってもその歴史は長く、一六世紀にフィレンツェの大公に任ぜられて名実ともにこの町の君主となってからも多くの保護活動の成果を残しているが、ここでは差しあたり、共和国時代のメディチ家、すなわち、「祖国の父」と呼ばれたコジモ・

デ・メディチ、その息子のピエロ、さらにその息子のロレンツォ（イル・マニフィコ）の時代、つまり花の一五世紀におけるメディチ家に的を絞りたい。

〈カタスト〉の制度

まず、メディチ家の財産がどれくらいあったかということであるが、これについては、きわめて都合のよい資料がのこっている。一五世紀中葉、正確には一四五七年の「カタスト」（納税申告）の記録である。この「カタスト」と呼ばれる徴税制度は、一五世紀フィレンツェに特有のもので、今日の眼から見れば驚くほど近代的な内容を持っているが、しかしもちろん、多くの特殊な歴史的事情がからんでいるので、カタストの記録を調べる前に、一応その制度の概要を述べておく必要があるであろう。

フィレンツェ共和国政府は、歴史上のあらゆる政府と同じように、つねに膨張する財政の必要に絶えず悩まされていた。特に一五世紀初頭においては、ピサの攻略（一四〇四―一四〇六）、ミラノ公国との戦い（一四二二―一四二八）、ルッカ侵攻（一四二九―一四三〇）とそれに続く第二次ミラノ戦争（一四三〇―一四三三）等のあい続く軍事行動によって、財政の危機はいよいよ甚しいものとなった。その苦境を救うために、一四二七年に新たに実施されたのが、このカタストの制度であった。

それ以前の共和国政府の収入は、営業税、消費税、通行税等の間接税と、「エスティモ」と呼ばれる直接税、それに公債、つまり借金の三つが主要な財源であった。このうち、間接税は、中世以来ヨーロッパの諸都市において広く一般的に行なわれていたものだが、徴税効果がかぎられている上に、豊かな財産を持ってのんびり暮している人びとよりも、毎日あくせく働かなければならない中層以下のクラスの人びとにもっぱら負担がかかるので、やたらに上げるわけにはいかない性質のものであった。そこで一三世紀にはじめて考え出されたのがエスティモで、これは、市民たち一人一人に、その財産に応じて税額を割り当てるという徴税制度であった。しかしこれは、当然割当ての基礎となる財産の評価を政府が行なうのであるから、情実や不公平があるというので人びとの不満が絶えなかった。そのため、何回か制度上の改正がなされたが、結局うまくいかず、一三一五年にいったん廃止された。しかし、そうなると国庫がたちまち危機に瀕したので、一三二五年に、今度はかなり大きな改革を伴って再び登場してきた。その改革の主要な点は、第一に、財産の評価を各自の申告に基づいて行なうということで、これが後のカタストの基礎となった。第二の改革は、財産についてはみな一律の税率が適用されたが、事業収入については、収入の大きい者ほど税率が高いという累進税率が採用されたことである。この累進課税方式は、当然富裕な商人たちの間に評判が悪く、一四二七年のカタストではは廃止され、一五世紀の末に改めて登場して来ることとなる。これら間接税、直接税のほかに、公債も一五世紀フィレンツェにおいては重要な役割を演じ、特にメディチ家の財産形成には重要な意味を持っていたが、カタストとは直接関係がないので、別の機会に譲る。

一四二七年五月二二日に定められたこのカタストの制度について、マキアヴェリは、その『フィレンツェ史』のなかで、つぎのように述べている。

「……それまでの税制に苦しんでいたフィレンツェの人びとは、税の制度を改めることにし、それを負担者の富に比例させるため、税額は財産に基づいて決定されること、そして一〇〇フロリンの価値を持つ者は半フロリンの税を払うことが決められた。このようにして、もはや人間ではなくて法律だけが税の割当てを決めることになったので、有力な市民たちにとってはそれは厳しいものと考えられ、彼らは、まだその審議もしないうちから、声を大にして反対を叫んだ。それを支持したのは、ジョヴァンニ・（ディ・ビッチ）デ・メディチだけであったが、彼は遂にそれを成立させるのに成功した。税額を決定するためにそれぞれの市民たちの各種の財産を集計したので、フィレンツェの人びとはそのことをアッカタスターレ（積み重ねる）と呼び、この税はカタストと呼ばれた……」――第四巻

マキアヴェリが述べているように、このカタストは、各市民の不動産、事業収入、公債所有

額等、すべての財産を集めて算定し、それに対して、「一〇〇フロリンに半フロリン」、すなわち〇・五パーセントの税を一律に課すものであった。つまり、間接税の場合と違って、能力に応じて支払うという原則が一応確立されたことになる。

ただし、その財産の算定には、いろいろ問題があった。たとえば、市民たちの住居は、算定の対象から除外された。したがって、メディチ家のように立派な邸宅や多くの別荘を持っている人びとは、そこに含まれた貴重な家具や美術品などもあわせて、かなり大きな恩恵を受けたはずである。この「カタスト」制度制定に功労があったとしてマキアヴェリの称讃しているジョヴァンニ・デ・メディチなど、実は最もうまくその恩恵を利用した一人であった。邸宅、別荘以外の不動産については、町の中の土地や建物の場合は、そこからはいる地代や家賃がそのまま収入となり、農地の場合は、そこからもたらされる利益を七パーセントとして評価した全体額が資産とみなされる。つまりいずれにしても、不動産の場合、所得税と資産税の両方の性格をもっているわけである。また農地の場合は、小作人が小作料を現物で支払う場合がしばしばあったので、主要な農産物については、それぞれ換算価格が定められていた。さらに、奴隷を使っている場合は、一人三〇フロリンと算定された。

公債の所有額も、額面がそのまま財産として算定されるのではなく、その時の公債の市場価格に基づいて、収税担当役人によって価格が決定された。というのは、現代の有価証券と同じように、共和国政府の公債は利率や返還期間がしばしば変更され、投機の対象になっていたからである。

このようにして算定された収入総額を「ソスタンツェ」と呼ぶが、このソスタンツェから、今日で言う必要経費や扶養家族のための費用を控除した額が「ソヴラボンダンテ」と呼ばれて、実際の課税の対象となる。この辺の計算の仕方は、今日の申告納税の場合とほぼ同じである。必要経費は、不動産の管理のために不動産収入の五パーセントが認められており、また、扶養家族は、一人につき二〇〇フロリンずつ控除された。このような控除額を除いた課税対象額に〇・五パーセントをかければ、支払うべき税額が出てくるわけである。そのほかに、満一八歳から六〇歳までの成年男子には、一人につき六ソルディ（二〇ソルディが一フロリン）の人頭税が課せられていたから、それらを合わせて、最終的な納税額となるのである。

このカタストは、「申告」が建前となっていたから、それぞれの市民たちにとって、いろいろ手間のかかる厄介なことであった。先年、イタリアで作られたレオナルド・ダ・ヴィンチの伝記映画がNHKから放映されて好評であったが、あの映画のなかでも、レオナルドの祖父のアントニオが、カタストの申告のために頭を痛めている場面が出てきていた。税金で悩まされるのは、レオナルドの家でもわれわれの家でも変りがない。ただこのカタストの記録のおかげで、われわれは、たとえばレオナルドが、一四五七年には祖父や父といっしょに住んでいたことを知ることができるのである。

一四二七年に定められた法律によれば、このカタストは、三年ごとになされるはずになっていた。そして事実、一四二七年に続いて、一四三〇年、一四三三年と、第二回目、第三回目が行なわれている。しかし、その後は、かなり不定期になり、ずっと間を置いて行なわれるようになる。おそらくそれは、実際の「申告」が市民たちにとって大変面倒なものであったからであろう。第四回目以後は、一四四二年（第四回）、一四四六年（第五回）、一四五一年（第六回）、一四五七年（第七回）、一四六九―七〇年（第八回）、一四八〇―八一年（第九回）と行なわれ、この第九回目が、最後のものとなった。そして一四九四年、シャルル八世のイタリア侵攻に続くメディチ家追放の後、カタストの制度は正式に廃止されてしまうのである。

メディチ家の税金

今日、フィレンツェの古文書保存所には、このカタストの申告記録が、毎回何千という数の貴重な資料として残されているという。ただし、申告書そのものはかなり複雑である上、担当役人が調査して不正や不備があればそれをただしたり、書き直させたりという今日と同じような手続きを踏んでいるので、それら全部を調査するということは大変な手間を要する。だが幸いなことに、さまざまな手続きの後、最終的に決定された納税額だけを納税者の名前とともに並べた「ソンマリオ」と呼ばれるリストが各地区ごとにあり、これを見れば、誰がいくら払ったか一目瞭然にわかる。そして、一四五七年のカタストに関しては、フィレンツェ市全地区のソンマリオが完全に残っている（ソンマリオが完全なのは、この第七回カタストだけであるという）。先にこの年の申告記録が都合がよいと言ったのは、単にメディチ家の財産がわかるだけでなく、他の市民たちとの比較が可能だからなのである。

そこで一四五七年のメディチ家のカタストの記録であるが、この時は、長老のコジモがまだ存命中で、申告はコジモと甥のピエルフランチェスコの二人の名前で提出されている。まずその収入総額ソスタンツェは、つぎの通りである。単位は、f.がフロリン、s.がソルディ（単数はソルド）、d.がデナリ、一フロリンが二〇ソルディで、一ソルドが一二デナリである（この数字はド・ルーヴァー教授の調査による）。

	f.	s.	d.
不動産収入	五九、七四一	一八	八
奴隷四人	一二〇	〇	〇
公債所有額	八、五六九	八	〇

事業収入……………………………五四、二三八・八・〇
収入総額……………………………一二二、六六九・一四・八

つまり、当時のメディチ家の収入は、一二万二千数百フロリンと計算されている。すでに述べたように、不動産から住居は除外されるから、ヴィア・ラルガにあった豪奢なパラッツォ・メディチ（現在のパラッツォ・リッカルディ）をはじめ、カレッジ、カファジオロ、トレッビオにあった別荘や、さらにピサ、ミラノの邸宅もここには含まれていない。それに対し、事業収入には、事業による利益のほかに、事業のための資産も含まれている。事業資産も申告させるというのは、このカタストの大きな特徴で、たとえば貧しい機織工でも、自分の持っている織機は、資産として申告しなければならなかった。

上記の収入総額に対し、控除される金額はつぎの通りである。

	f.	s.	d.
不動産管理費……………	二、九八五	〇	〇
牧牛一二〇対……………	一、七一四	五	八
扶養家族一四人…………	二、八〇〇	〇	〇

控除額総計……………………………七、四九九・五・八

不動産管理費は、公けに認められた必要経費で、不動産収入を五九、七〇〇フロリンとして、その五パーセントを算出している。牧牛が控除の対象になるのは、農地耕作を奨励するためで、牛一対（二頭）につき、年収一フロリンの控除が認められた。したがって算定評価額は七分の一〇〇フロリンで、それの一二〇倍である。扶養家族は、すでに述べた通り一人二〇〇フロリンであるから、一四人で二、八〇〇フロリンとなる。当時のメディチ家の家族は、コジモとその妻、息子のピエロとジョヴァンニ、甥のピエルフランチェスコとそれぞれの妻、および子供たち合わせて一四人であった（扶養家族は、申告者本人も含める）。

もっとも、パラッツォ・メディチに住んでいたのはむろんそれだけではなく、コジモは実際に養わなければならない者として、召使、従者、乳母、家庭教師等、計五〇人ほどを申告しているのだが、血縁の家族に関してだけ、控除が認められたわけである。そこで収入総額から控除額総計を引くと、課税対象額は、一一五、一七〇フロリン・九ソルディとなる。それに税率〇・五パーセントをかけると、納税額は五七五フロリン・一七ソルディ・一デナリである。それにさらに、息子のピエロとジョヴァンニ、甥のピエルフランチェスコの三人の成年男子の人頭税計一八ソルディを加えて、最終税額は、五七六フロリン・一五ソルディ・一デナリと計算

されている（コジモ自身は、すでに老齢で、人頭税の対象とはなっていない）。

さてそれでは、この五七六フロリン余という税額は、当時のフィレンツェ共和国においては、どの程度の場所に位置するのであろうか。すでに述べたように、一四五七年分については、全市民の納税額リストが完備しているので比較が容易であるが、それによると、メディチ家は、圧倒的な大差で、文句なしに最高額納税者である。何しろ、第二位から第六位まで、高位五家族の納税額を全部合わせても、まだ一位のメディチ家には及ばないほどであるから、メディチ家の財力がいかにずば抜けたものであったか、容易に推察されようというものである。なお参考までに、上位一一家族の名前と納税額を挙げると、つぎの通りである。ベスト・テンではなくて一一にしたのは、五〇フロリン以上の税を収めているのがちょうど一一家族だからである。

	f.	s.	d.
メディチ家	五七六	一五	一
ベンチ家	一三二	一〇	八
ルッチェライ家	一〇二	一七	二
クァラテージ家	九八	一二	〇
ネルリ家	八八	一八	一

パッツィ家（ヤコポ）……………………八四・三・七
グァルディ家……………………………七〇・一一・九
カッポーニ家……………………………六三・一八・四
バロンチェリ家…………………………六〇・一〇・九
バンキ家…………………………………五四・四・八
パッツィ家（アントニオ）………………五一・一五・一〇

このうち、第二位のベンチ家は、かつてメディチ銀行の支配人を勤めていたジョヴァンニ・ダメリゴ・ベンチの遺族で、いわばメディチ家の仲間である。なおついでながら、現在ワシントンのナショナル・ギャラリーにあるレオナルド・ダ・ヴィンチの肖像で有名なジネヴラ・ベンチも、同じ一族である。第三位のジョヴァンニ・ディ・パオロ・ルッチェライは、アルベルティを起用してパラッツォ・ルッチェライやサンタ・マリア・ノヴェラ聖堂正面部を設計させた人物で、やはり当時の有数の芸術保護者であったし、第八位のカッポーニ家は、ベルナルド・ロッセリーノ制作の見事な墓で知られるネリ・カッポーニの一族である。しかし、このリストで特に注目されるのは、アンドレア・ディ・パッツィの二人の息子ヤコポとアントニオの一族（アントニオはすでに没していたので、その息子たち）が、第六位と第一一位に登場していることである。この両者を合わせると、パッツィ家の納税額はベンチ家を飛び越えて第二位に進出することになり、メディチ家にとって、最も手強い競争相手であったことが明らかとなる。二一年後のあの血なまぐさいパッツィの乱の種は、すでにこのリストの中にもはっきりとうかがわれるのである。

この上位のリストを、さらにこの年のカタスト全体の中に置いてみると、貧富の差の激しさは、歴然たるものがある。一四五七年にカタスト申告をした家族は、全部で七、六三六世帯であったが、そのうち、税額一フロリン以下というのが五、七二〇世帯、すなわち全体の三分の二以上を占め、一フロリンから一〇フロリンまでの税を払ったのが、一、六八九世帯、すなわち全体の五分の一強である。この両者を合わせると、税額一〇フロリン以下の家族が、実に全体の九七パーセントを占めることになる。そのほかに、カタスト申告の必要のない「低収入者」がほぼ三、〇〇〇世帯あったと推定されているから、当時のフィレンツェにおいて、いかにわずかの富裕な人びとに富が偏在していたか、明らかであろう。そしてメディチ家は、その少数の富裕家族のなかでも、一頭地を抜いていたのである。

現代なら億万長者

ところで、このメディチ家の財産が、今日のわれわれの貨幣に換算するとどれくらいか、ということが当然興味の対象になるであろう。この計算は必ずしも単純には行かないし、仮りに何とか換算したとしても、購買力の差などは、多くの物価を比較してみないとわからないことは当然であるが、それでも、無理を承知で、強引に大ざっぱな計算をしてみよう。その手がかりは金である。

フィレンツェのフロリン金貨は、一二五二年にはじめて鋳造発行されたが、その時の一フロリンは、金三・五三グラムであった。その後、金貨の質が落ちてフィレンツェ共和国政府を悩ませたりするのだが、一五世紀においても、政府は表向きこの水準を保つよういろいろ策を講じていた。一方、現在では金の価格も随分不安定のようであるが、一応、一九七八年末のロンドン自由金市場価格一オンス（三一・一〇グラム）＝二二〇・五ドルに拠り、一ドル＝二〇〇円として計算すると、金貨一フロリンは、約五、〇〇六円となる。このレートで、一四五七年のカタストで申告されたメディチ家のソスタンツェ、つまり収入総額を計算すると、ざっと六億一、五〇〇万円となる。しかもこれは、あの壮麗なパラッツォ・メディチや数々の別荘を勘定に入れないでの話である。すなわち、大変乱暴な計算ではあるが、メディチ家はたしかに億万長者だったのである。

ii

フィレンツェ税制の変化

六億円もの財産に対して、わずか〇・五パーセントという税率は、今日のわれわれの感覚からすれば、いかにも低過ぎると思われるかもしれない。だが、現代と違って、一五世紀のイタリアにおいては、政府の仕事は、対外的には軍事と外交、国内的には若干の産業振興活動を別とすれば、主として法律制定や裁判など、いわば純粋に政治的なものにかぎられていたという一般的な状況を忘れるわけにはいかない。社会福祉はもとより、教育、医療、交通通信、さらには公共的な土木事業や治安にいたるまで、その大きな部分が個人の負担によって支えられていた。それに、〇・五パーセントというのは、飽くまでも単なる「税率」であって、カタストは、一年に一回だけ支払えばそれでよいというわけのものではなかった。通常の場合でも年に二回、何か緊急の必要がある時は、さらに臨時に、徴税が行なわれた。たとえば、一四八一年の一二月から翌年の八月まで、九ヵ月の間に、カタストは三回徴収されている。これでは、納税者の方もそうのんびりはしていられない。

だがそれにしても、億万長者のメディチ家と、税額が一フロリンにも満たない一般庶民とが同じ税率ではたまらないという不満は、もちろんあった。そのため、第八回カタストまでは、〇・五パーセントの一律の税率が適用されたが、一四八〇―八一年の第九回カタストにおいては、いわゆる累進税率方式が採用された。これは資産総額の七パーセントを年間収入と見做し、その年間収入から各種控除額を差し引いた課税対象額を、五〇フロリン以下から四〇〇フロリン以上まで九段階に分けて、最低七パーセントから最高二二パーセントまで九段階の税率をそれぞれ適用するというものである。この時、メディチ家の当主は、イル・マニフィコと呼ばれた有名なロレンツォ・デ・メディチであったが、そのロレンツォのカタスト記録は、つぎの通りである。

	f.	s.	d.
資産評価総額……	五七、九三〇・	七・	四
資産管理費……	二、八九六・	一〇・	一〇
資産総額……	五五、〇三三・	一六・	六
年間収入……	三、八五二・	一一・	四

控除額……………………………一、五〇〇・〇・〇
課税対象額　……………………二、三五二・一一・四
税額………………………………五一七・一一・　八

資産に対しては、従来の不動産の場合と同じく、必要経費として五パーセントの管理費が認められている。したがって、評価総額から管理費を差し引いたものが、基準となる資産総額である。年間収入は、この資産総額の七パーセント、税額は、年間収入から控除額を差し引いた課税対象額に、最高税率二二パーセントを適用して算出している。

すでに述べたように、一四八一年から八二年にかけて、カタスト徴収は前後三回行なわれているから、ロレンツォ・デ・メディチは、同じ税額を三回支払わなければならなかった筈である。とすると、結果的には、ロレンツォは、年六六パーセントの高率の税を収めたことになる。資産評価の方法に問題が少なくないとしても、これは決して低い税率ではない。事実、この累進税は、富裕な有力市民たちのあいだできわめて悪評であり、一四九四年、シャルル八世のイタリア侵攻に続くメディチ家追放の後、廃止されてもとの一律税率方式に戻ってしまった。

一五世紀は経済的退潮期

ところで、この一四八一年のロレンツォのカタスト報告を、前記の一四五七年のコジモのそれと比較してみると、はなはだ興味深い事実が明らかになる。というのは、累進税率によってメディチ家のような高額所得者は、不利な立場になっているのにもかかわらず、最終的な納税額は、ロレンツォの場合、二四年前のコジモより少なくなっているからである。

もちろん、この両者の場合、計算の方式が違うのであるから、表面の数字だけをそのまま比較するのは、必ずしも当を得たこととは言えないであろう。たとえば、ロレンツォの申告による資産の評価総額は、コジモの不動産の額より少なくなっているが、前に述べた通り、コジモの「不動産」には、農地の評価額のほかに、市内の土地や建物からの収入も含まれている。また、一四五七年には、コジモの甥にあたるピエルフランチェスコがいっしょに住んでいたが、一四八一年にはピエルフランチェスコはすでに世を去り、その息子たち（ロレンツォとジョヴァンニ）は別の所に住んでいたから、同じメディチ家を名乗っていても、その財産は別に申告された筈だという事情も考慮しなければならないだろう。だが何と言っても、ロレンツォ・イル・マニフィコは、本家の当主であり、メディチ銀行の最高責任者である。のみならず、政治的にはフィレンツェ共和国の事実上の独裁者のような地位にまであったロレンツォなら、コジモを上回る収入があっても不思議ではない。しかも、高額所得者に大きな負担を要求する累進税が採用されている以上、計算方式がどうであれ、同じ程度の収入なら、税額は増える筈である。ところが、実際の納税額は、ロレンツォの方がコジモより一割程度少なくなっている。このことは、窮極的には、メディチ家の収入がこの二十数年のあいだにかなり落ちたことを示すものと言わなくてはならないであろう。

事実、メディチ家が銀行家として最も繁栄したのは、コジモの時代であって、華やかな文化の花を開かせたロレンツォの統治時代（一四六九―九二）に、肝心の銀行業の方は、急速に衰退の徴候を示すようになって行った。だがその責任を、ロレンツォ一人に負わせるのは、いささか酷というものであろう。たしかに、コジモが徹底してビジネスマンであったのに対し、ロレンツォはあまりにも政治家であり過ぎた。

しかしフィレンツェのような国際的商業都市においては、政治家であることは、「ビジネス」にとっても、決してマイナスではなかった筈である。それに、ロレンツォは、優れた政治の才に加えて、経営者としても有数の能力の持主であった。メディチ銀行の衰退は、ロレンツォの所為と言うよりも、むしろフィレンツェそのものの衰退の結果であった。そして、そのフィレンツェの衰退は、ロレンツォの力をもってしても支え切れないほど急激なものだったのである。

一例をあげよう。年代記作者ジョヴァンニ・ヴィラーニによれば、一三三八年頃、フィレンツェには大小合わせて八〇の銀行があったという。一二年後、一三五〇年には、その数は五二に減っている。これは何よりも、一三四八年にヨーロッパ中を襲った黒死病の影響によるものであったろう。何しろフィレンツェ市内の人口は、四分の一に減ったとまで伝えられる大災厄である。次いで一三五六年には、多少増えて六一となり、世紀の末一三九九年には、七一の店があったと銀行業組合の記録は伝えている。ついでに言うと、コジモの父にあたるジョヴァンニ・デ・メディチが、ローマで営んでいた銀行をフィレンツェに移して、いわゆるメディチ銀行を設立するのが一三九七年のことであるから、この七一という数字のなかには、メディチ家も含まれていた筈である。つまり一四世紀においては、世紀の中頃に黒死病という大きな災厄があったにもかかわらず、フィレンツェにおいては、ほぼ一貫して、五〇店から八〇店ほどの銀行が盛んに活動していたということになる。

ところが、一五世紀後半には、この銀行業者の数が、見るも無惨な凋落を示している。一四六〇年、すなわちコジモ・デ・メディチの存命中にすでに、銀行業組合に登録されている店の数が、三三に減っている。一四七二年の記録でも、その数はなお同じだが、一四九〇年には、組合の事務所を支えるだけの組合員がいなくて、記録も残せないという状態になった。そしてジョヴァンニ・カンビの年代記は、一五一六年にフィレンツェの町で営業していた銀行は、わずか八店に過ぎないと報告している。一四世紀の最盛期に比べれば、何と一〇分の一という淋しさである。

もともと、この時代の「銀行」は、メディチ銀行をも含めて、今日の銀行と商社とを合わせたような性格を持っており、本来の銀行業務のほかに、外国貿易などの商業活動も活発に行なっていたが、その両者を合わせて、経済的に最も繁栄していたのは、実は花の一五世紀ではなくて、一四世紀の前半であった。そのことは、右に述べた銀行の数の推移だけからでも容易に想像し得るが、個々の銀行の活動内容を比べてみても、やはりそうである。一四世紀前半におけるフィレンツェの銀行の「御三家」、すなわちベスト・スリーはバルディ家、ペルッツィ家、アッチアイウオーリ家であったが、そのうち少なくとも上位二家は、資本の規模においても活動範囲においても、後のメディチ家をはるかに凌駕する勢威を示していた。たとえば、第二位のペルッツィ家でさえ、一三一〇年には資本金一〇三、〇〇〇フロリンという規模で、ロンドンからキプロスに至る一五の海外支店を持ち、九〇人ほどの代理人を雇っていたという。メディチ銀行の最盛期は、一五世紀の四〇年代、五〇年代であるが、一四四一年の資本金は七三、九五六フロリン余、一四五一年でも七五、〇八三フロリン余で、ペルッツィ家に遠く及ばない。国外支店の数は、一四五五年で九店、一四七〇年にはアヴィニョン、ブリュージュ、ロンドン、リヨンのわずか四店であって、とても太刀打ちできないと言うべきであろう。バルディ、ペルッツィ両家は（アッチアイウオーリ家も同様だが）、一三四八年の黒死病流行の年には、すでに破産して没落していたが、この両家が、サンタ・クローチェ聖堂内のそれぞれの家族の名を冠した礼拝堂の壁に、ジョットの筆になる見事な壁画群を後世への贈物として残したまま姿を消してしまった時、経済活動に関するかぎり、フィレンツェにおける栄光の時代は終わったのである。

銀行家メディチ家の系譜

だがそれでは、そのような一般的な退潮期——あるいは、一五世紀前半について言えばむしろ停滞期——において、新興のメディチ家が、どのような手段で巨万の富を集めることができたのであろうか。

すでに述べたように、ジョヴァンニ・ディ・ビッチ・デ・メディチ（一三六〇—一四二九）が、フィレンツェに独立した銀行を設立したのが、一三九七年である。メディチ家の歴史はもとよりずっと以前までさかのぼることができるが、メディチ銀行について言えば、ジョヴァンニが創業の祖である。一四二七年のカタスト制度制定の功労者としてマキアヴェリに絶讃されたジョヴァンニが一四二九年に世を去ると、息子のコジモ（一三八九—一四六四）がその跡を継いだ。これが二代目にあたる。日本でなら「唐様で書く」と言われる三代目は、コジモの息子のピエロ（一四一六—一四六九）で、器量から言えば、父、祖父に劣ると言われているが、当主になってわずか五年後に世を去ってしまったから、どちらにしてもあまり大したことはしていない。

その次に登場するのが、「イル・マニフィコ」（豪華王）と呼ばれたロレンツォ（一四四九—一四

ゴッツォーリ《東方三王の行列》部分。馬上の王はロレンツォ・イル・マニフィコを描いたもの

九二）で、このロレンツォとともに、われわれは簿記と算盤の世界から、政治と、社交と、文芸の世界に移ることになる。しかしそれと同時に、特に彼の晩年において、メディチ家の財政は急速に悪化して行く。ロレンツォにとっては、曾祖父以来の栄光あるメディチ銀行の崩壊を見る前に世を去ったのが、せめてもの幸せであったと言えるかもしれない。貧乏籤を引いたのは、ロレンツォの息子のピエロ（一四七二—一五〇三）である。ロレンツォの死後二年ほどして、フランス王シャルル八世の軍隊がイタリアに攻め入り、ピエロの逃亡とサヴォナローラの神聖政治という大きな歴史の転換を迎えることは、広く知られている。ピエロの逃亡後、

メディチ家の財産はすべて政府に没収され、メディチ銀行も、事実上この時に終わりを告げた。一三九七年の銀行設立以来ほぼ一〇〇年、ジョヴァンニからピエロまでの五代にわたる光と影の交錯が、メディチ銀行の歴史なのである。

メディチ家が、当時における他の多くの「銀行家」と同様に、純粋の「銀行業務」のみならず、商業活動や毛織物製造などの多角的経営を行なっていたことは、すでに述べた。しかし、メディチ銀行の大きな特色のひとつは、そのような多方面にわたる活動のなかでも、特に本来の銀行業務に主力を注いだことにあった。メディチ家が、わずかの期間のあいだにあのような厖大な財産を築き上げることができたのは、何よりもその巧みな金融操作のお蔭であった。別の言葉で言えば、一四世紀の主要な「銀行」が、むしろ商業活動にその重点を置いていたのに対し、メディチ家は、「営業方針」を貿易から金融に切り換えることによって、安定した経営基盤を持つことができたのである。

事実、この時代の商業活動は、きわめて投機的な、不安定な性格のものであった。多くの危険を伴う海上貿易において、ひとたび持船が難破するか海賊に襲われるかすれば、文字通り元も子もなくなる虞《おそ》れがあった。シェークスピアの『ヴェニスの商人』におけるアントニオのように、富裕な商人が一朝にしてユダヤ人の金貸しの前に頭を下げなければならないというような事態は、つねに起こり得るものであったし、事実またしばしば現実に起こった。その上、イタリアの商人たちにとって特に利益の大きかった東方貿易が、オスマン・トルコの進出によって次第に圧迫されるようになって来たという事情もあった。一四五三年のトルコによるコンスタンティノープルの占領とそれに続く東ローマ帝国の滅亡とは、イタリア半島の経済活動にとっては深刻な打撃であった。とすれば、このような時代に、もっぱら安定した銀行業務に専念しようとしたメディチ家の考え方は、きわめて賢明なものであったと言えるであろう。

〈何をも求めずして貸せ〉

しかしながら、一口に「銀行業務」と言っても、ルネッサンス時代のそれが二〇世紀の今日と同じでないことはもちろんである。一四世紀、一五世紀のイタリアの「銀行」は、多くの点で「近代的」と言ってもよい性格をもっていたが、同時に、現代の銀行とまったく違う一面も持っていた。何よりも大きな違いは、「貸付け」という仕事がなかったことである。なかったというよりも、できなかった。いや、もう少し正確に言うなら、お金を貸すことは構わないが、貸したお金に対して、利子を取ることは許されていなかったのである。

それは、「銀行」のみにかぎらず、普通の個人の場合でも同様であった。なぜならば、利子を取って貸すという「金貸し」行為は、中世以来、教会法によって厳しく断罪されていたからである。つまりそれは、法律や制度の問題ではなく、神学の問題であり、倫理の問題であった。

そこでは、「何をも求めずして貸せ」（ルカ伝六・三五）というキリストの言葉は絶対であって、誠実なキリスト教徒なら、誰もそれに背くことはできなかった。シャイロックが人びとから「唾液《つばき》を吐きかけられ、野良犬のように足蹴にされ」たのは、なにも彼が因業な高利貸だったからではない。高利にせよ低利にせよ、そもそもまず金貸しという行為そのものが、神の前には罪なのである。したがって、かりそめにもそのような神を恐れぬ不届きな所業を行なった者は、人びとからどのように指弾されても仕方がなかった。シャイロックの場合は、ユダヤ人であり「邪教徒」であったから、罪の意識はなかったかもしれないが、その代り、世人の軽蔑と非難はいっそう激しかったと言える。一一七九年のラテラノ公会議は、金貸しを行なった者に対してはキリスト教徒として埋葬することを拒否することを正式に決めているし、一二七四年のリヨン公会議でもそのことは確認されている。彼らは、正当な人間としては認められず、その遺骸は犬や猫と同じように扱われたのである。

アイリス・オリゴ女史は、『プラートの商人』のなかで、金貸しにまつわる当時の恐ろしいエピソードをいくつも紹介している。たとえば、ある金貸しの死後、遺族たちが特に故人のために礼拝堂をひとつ教会に寄進してそこに葬ったところ、その葬式の夜に「地獄のあらゆる悪魔たち」がやって来てその礼拝堂を持ち上げ、河の中に投げこんでしまったとか、ある金貸しは死後さまよい歩く亡霊となって息子の前に現われ、永遠の苦しみを味わっていると物語った、などという話である。このようなエピソードは、当時の教会での説教の恰好のテーマであったらしく、一四世紀末の物語作者フランコ・サケッティは、貧しい人びとばかり集まっているところで、説教者があまり執拗に何度も金貸しの罪を非難するので、聴衆の一人がたまりかねて、「そんなことを言っても、われわれの間で人に貸すほどお金のある人はここには誰もいません」と抗議したという短篇を残しているほどである。その落ちは、説教者は抗議に対して少しも騒がず、「貧しき者は幸いなるかな」と答えたというのである。

もう少し根拠のある話では、これも一四世紀末か一五世紀初頭のことであるが、バルトロメオ・コッキなるフィレンツェの金貸しが、死の床にあって、自分の儲けをすべてもとの持主に返すように遺言して、遺族たちを落胆させたというエピソードも伝えられている。さすがに因業な金貸しも、自分の罪の恐ろしさに堪えかねたというわけである。

しかしもちろん、このバルトロメオ・コッキの話が逆に証明するように、シャイロックのような人物が当時のイタリアにいなかったわけではない。それどころか、衣服とか宝石などを担保に金を貸し、それに対して利子を取るという今日の質屋業と同様のものは、フィレンツェの町にもあった。それらは、「バンコ・ア・ペーニョ」(直訳すれば担保銀行)と呼ばれ、同じ「バンコ」(銀行)を名乗ってはいたが、メディチ銀行などとは、まったく別であった。もちろん、銀行業組合にはいることも認められていない。

ただ、この種の金融機関は、いつの時代でも一般の庶民にとって必要なものであるので、政府も、それほど厳しく取り締まることができない。いくら厳しくしても、どこかで密かに「営業」される虞れがあるからである。と言って、それが教会の非難する「金貸し」行為にあたることは紛れもない。そこで、フィレンツェの町の教会関係者たちは、この「嫌悪すべき金貸しの罪」に対し、罰金を課すことで妥協する方法を見出した。つまり、「罪」を犯したから、償いとして「懲罰」を受けよというわけである。しかし、実際に金を貸すたびに罰金を取るのでは手数がかかって仕方がないので、フィレンツェの町の質屋仲間全体に対して、年額二、〇〇〇フロリンの罰金をひとまとめに課すという方法が取られた。その代り、この罰金さえ払えば、一応堂々と営業することができるのである。したがってそれは、形は「罰金」でも、事実上の「営業税」と言ってよいであろう。表向き罰金さえ払えば、あとは良心の問題である。当時のフィレンツェの質屋がほとんどすべてユダヤ人たちだったのは、そのためである。

しかし、メディチ家のような大銀行の場合は、罰金を払うようなことはしてはならなかった。市民たちの尊敬と信用を得るためには、法律的にも、神学上からも、「罪」を犯してはならないのである。だが「金貸し」の罪を犯さずに、つまり融資の利子を取らずに、どうして銀行が巨大な利益を得ることができるのだろうか。この難問に対し、フィレンツェの銀行家たちは、まことに巧妙な解決法を考え出したのである。

iii

為替手形の登場

それを発明したのはほかならぬメディチ家だと言われて来た。あるいは、「ダティーニ文書」と呼ばれる貴重な記録を残したプラートの商人フランチェスコ・ダティーニがそれを考え出したとも言われている。しかし実は、それはもっと以前から存在していたようである。ただ、一四世紀の末から一五世紀になって、それは、イタリアの銀行家たちのあいだで、広く利用されるようになった。そして、誰よりもうまくそれを利用して大きな利益を収めたのが、メディチ家だったのである。

問題のそれというのは、今日の言葉で言う「為替手形」のことである。もちろん、まだ印刷術が発明されていない時代のことであるから、その中身は全部手書きであり、形式的には今日のものと随分違うが、機能から言えば、今日の「為替手形」とほぼ同じものである。そしてそれこそが、「金貸し」を許すべからざる罪として断罪する教会の掟に背くことなく、実質的に融資の利子を獲得する切札であった。今日、この種の為替手形は、メディチ銀行関係のものをはじめとして、数多く残されているという。その書式は、場合によっていろいろヴァリエーションがあり得るが、基本的には、遠隔地（多くの場合外国）にいる自分の代理人に宛てて、相手方の代理人にある金額を支払うように依頼した手紙である。

ひとつだけ例を挙げよう。ヴェネツィアのバルトロメオ・ジョルジとジェロニモ・ミキエルが、同地のメディチ銀行支店から五〇〇ドゥカーティを「借りた」時、その代りに同銀行に対し、ロンドンにいる自分たちの代理人に宛てて振り出した為替手形である。

＊キリスト降誕一四六三年七月二〇日、ヴェネツィアにて

五〇〇——ドゥカーティ

この書類と引換えに、ゲラルド・カニジアーニ殿に、五〇〇ドゥカーティを、一ドゥカート四七ステルリーニの割合で、当地のピエルフランチェスコ・デ・メディチ殿の店より受け取った同額に対するものとして、支払われたし。キリストのお恵みを。

バルトロメオ・ジョルジ
ジェロニモ・ミキエル

ロンドン

ドミニス・フランチェスコ・ジョルジオ殿
ピエロ・モロシーニ殿

この為替手形の名宛人であるフランチェスコ・ジョルジオ、およびピエロ・モロシーニは、ロンドンにおけるバルトロメオ・ジョルジとジェロニモ・ミキエルの代理人であり、ゲラルド・カニジアーニは、同じくロンドンに在住するメディチ銀行の代理人である。つまりこの為替手形は、ヴェネツィアでジョルジたちがメディチ銀行から五〇〇ドゥカーティ受け取ったから、それに相応する金額を、英貨でロンドンにおいてメディチ銀行代理人に支払うようにという指令である。メディチ銀行の方から言えば、ヴェネツィアで渡した分を、ロンドンで受け取るというかたちになる。

私は先に、ジョルジたちがメディチ銀行から五〇〇ドゥカーティ「借りた」と言ったが、もちろんこれは、表向きは「貸借」の取引きではなく、この為替手形は決して借金の証文ではない。それは単に二国間にまたがる「両替」の取引きであって、今日で言うなら、われわれが外国旅行をする時、日本で円貨を支払ってトラヴェラーズ・チェックを買い、ロンドンでそれをポンドに換えるというのに相当するだろう。したがってそれは、教会が禁ずる「金貸し」ではなく、れっきとした正当な銀行業務である。しかし、五〇〇ドゥカーティと引換えにこの為替手形を受け取ったメディチ銀行の方では、別に誰かがロンドンに旅行したいわけではないし、英貨がほしいわけでもない。実質的には、メディチ銀行は五〇〇ドゥカーティを「貸付け」たのと同じことで、事実、メディチ銀行は、後に同じ相手から、五〇〇ドゥカーティとそれに対する利子に相当する金額を、ヴェネツィアで「返して」貰っている。どうしてそういうことが可能になるのか、そのメカニズムを説明する前に、当時の銀行業務のことを、もう少し述べておきたい。

ルネッサンスの銀行業務

ダンテの『神曲』天国編第一六歌に、

「今やフィレンツェ人となり、両替や商取引をしている男は……」——六一行目

という一句がある。

この「男」が、つまりわれわれの言う「銀行家」で、その仕事は、商業行為のほかは「両替」が主なものであった。この両替には、金貨を小銭に換えるという同一通貨内での両替ももちろん含まれるが、メディチ銀行のような大銀行が行なうのは、主として外国の通貨に換える方

である。もっとも、当時のイタリアでは、フィレンツェ、ミラノ、ヴェネツィアなど、それぞれが独立国であったから、フィレンツェのフロリンをヴェネツィアのドゥカートに換えるのも、外貨への両替である。

今日でも、イタリアを旅行すると、普通の銀行のほかに、「カンビオ」という看板を掲げた町の両替屋がしばしば眼につく。この「カンビオ」が本来の銀行の仕事で、フィレンツェの銀行業組合は、正式名称を「アルテ・デル・カンビオ」と言う。直訳すれば両替業組合である。この一事によっても、両替がいかに中心的業務であったか、明らかであろう。

しかし、もちろん、そのほかの仕事をしなかったわけではない。ルネッサンス時代の銀行は、貸付けと手形の割引（どちらも利子を取るから「金貸し」にあたる）を除いて、今日、銀行が行なっているような日常の業務は、たいていやっていたようである。一般の預金者からお金を預ることはもとより、振替、送金、支払いや取立ての代行等は、少なくともかなり重要な機能であった。たとえば、二人のフィレンツェの市民が同じ銀行に預金していたとすれば、その二人の間の支払いは、帳簿上の操作だけで可能である。その場合、今なら必ず書類の証拠が残るが、当時においては、本人が自ら銀行の窓口（と言っても「窓」はないが）に出向いて、口頭で依頼しなければならなかった。つまり、書いたものよりも、本人の言葉の方が信頼されたのである。これは、お金を預けたり払戻したりする時も同様で、本人が口で言ったことを、銀行の方は、当人の眼の前で帳簿に書き入れて処理するのが建前であった。したがって、当時の「銀行家」のイメージは、大きな机の向う側に一日中坐っていて、その机の上に帳簿を拡げて客と応対するというものであった。その机のことを、「ターヴォラ」、または「バンコ」と呼んだので、やがては、銀行の店のことを「ターヴォラ」あるいは「バンコ」と呼ぶようになった。これが今日の「バンコ」（銀行）という言葉の起源である。序でに言えば、この「ターヴォラ」、「バンコ」は、今日の英語の「テーブル」、「ベンチ」にまでつながっている。

両替でも振替でも、正当な業務に対しては手数料が徴収された。これが銀行の収入の一部になるが、しかし実際には、それほど大きな部分を占めるものではない。

預金者に対しては、通常、預金に対する利子が支払われた。しかしこれも、例の教会の掟で、「利子」として支払うわけにはいかなかった。そんなことをすれば、預金者が「金貸し」になってしまうからである。そこで普通には、銀行が、預金者に「謝礼」を出すというかたちで支払われた。ただし、これはあくまでも銀行が自発的に出すものであるから、預金者の方から請求する権利はなかった。たとえ利子がつかなくても、預金者は文句を言えないのである。事実メディチ銀行でも、商売がうまくいかなかった時に「謝礼」を払わなかったことがある。ただ、銀行同士のあいだでも競争があって、「謝礼」を出さないと預金者を他の銀行に取られてしまうから、だいたい一定の「謝礼」を出すのが通例であった。

預金に「謝礼」を出すのなら、「貸付け」に対しても同じように「謝礼」というかたちで利子を取ればよいではないか、という理屈が出るだろう。たしかにその通りで、事実そのような例もないわけではない。ただ困ったことに、「謝礼」はあくまでも好意であって義務ではないから、銀行としては、それをつねにあてにすることはできない。元金が返されない時には、正式に訴えて出ることもできるが、「謝礼」を払わないからと言って裁判沙汰にするわけにはいかない。元金でさえしばしば回収できなくなるという危険があるのに、正当な権利としては認められていない「謝礼」をあてに巨額のお金を貸すような銀行は、昔も今もどこにもないであろう。

ただ例外として、大銀行が諸国の君主や王侯にお金を「貸す」ということは、かなりしばしば行なわれた。この場合も、メディチ銀行はきわめて手広い「顧客」を持っていて、フランスの国王でもドイツの皇帝でも、メディチ銀行の帳簿の上では、債務者であった。しかし、相手が国王でも皇帝でも、貸したお金に対して利子を取るわけにいかないことは同様である。時に、「謝礼」として栄誉や贈物を与えられることがあるが、それこそ君主の気紛れで、到底いつもあてにするわけにはいかない。いやそれよりも、相手が王様では強引に取り立てることもできず、元金が「焦げつく」ことさえ稀ではなかった。一四世紀のバルディ家、ペルッツィ家が破産したのは貿易上の失敗が大きな原因だが、もうひとつ、あまりにも多く君主諸侯にお金を貸し過ぎたのも、一因であった。それにもかかわらず、メディチ家がしばしばフランス国王などに多額のお金を融通しているのは、主として、商売上の便宜を図って貰うとか、特別の権益をあてにしてのことで、したがってこの場合の「貸金」は、一応返して貰うことを建前としてはいるものの、その性格としては、むしろ政治献金に近いというべきだろう。

以上のように見て来ると、銀行が実質的に儲けることのできる場合は、純粋の銀行業務に関しては意外に少ないということになる。手数料ぐらいで巨万の富を築くわけにはいかない。そこで活躍するのが、最初に述べた「為替手形」である。

一、〇〇〇ドゥカーティが一、〇六八ドゥカーティに

話を簡単にするために、上に引いた実際の「為替手形」の例で、事実上お金を借りたジョルジたちをA、ロンドンにおけるAの代理人をB、そして借りた金額を、計算し易いように一、〇〇〇ドゥカーティだったとしよう。その場合、Aは、金貨一、〇〇〇ドゥカーティを受け取るのと引換えに、ロンドンにいる自分の代理人Bに宛てた為替手形を、メディチ銀行に渡す。その「手形」には、一ドゥカート四七ステルリーニの割合で、一、〇〇〇ドゥカーティに相当する英貨を、在ロンドンのメディチ家代理人に支払ってほしいと書かれている筈である。メディチ銀行の方は、金貨一、〇〇〇ドゥカーティをAに渡すと同時にこの為替手形を受け取って、

そして、それをロンドンの代理人に送る。ただし、この「送る」というのが問題で、実際には、誰かがその手形を持って、ヴェネツィアからロンドンまで、はるばる旅をしなければならない。したがって、実際にその為替手形がロンドンに届くのは、かなり日数が経ってからのことである。つまり、手形を発行してから実際に支払われるまで、かなりの日時のずれがある。

この場合の例のように、為替手形そのものに支払い期日について特に明示された条件がない場合には、支払いまでの猶予期間は、二つの町の距離によって慣習的に定められていた。たとえば、フィレンツェとロンドンの間では、それは九〇日であり、フィレンツェとブリュージュの間では、六〇日であった。イタリア半島内でも同じことで、発行地フィレンツェ、支払地ヴェネツィアの為替手形は、特に条件が明記されていない場合、それを提示してから五日後に支払うというのが認められた慣習であった。当時、フィレンツェからヴェネツィアまで、普通に旅行すれば五日かかったから、実質的には、発行後一〇日経ってから支払われるというわけである。

ヴェネツィアとロンドンの間でも、猶予期間は九〇日であったから、Aの振り出した為替手形は、三ヵ月後にロンドンで支払われた筈である。つまり、一四六三年一〇月二〇日に、ロンドンのメディチ家代理人は、Aの代理人Bから、一ドゥカートが四七ステルリーニの割合で一、〇〇〇ドゥカーティ分、すなわち四七、〇〇〇ステルリーニの英貨を受け取ったわけである。

この時点で、表向きの両替取引きは完了したことになる。
ところが、実際には、ロンドンのメディチ家代理人は、本店からの指令を受けて（もちろん、改めて指令を受けたわけではなく、最初からそう決められていたのだが）、手許の英貨四七、〇〇〇ステルリーニを使って、改めてBに、もう一枚為替手形を書かせる。その手形の振出人はもちろんBで、支払地はヴェネツィア、支払人はBの代理人としてのAで、受取人はヴェネツィアのメディチ銀行、金額は、四七、〇〇〇ステルリーニに相当するだけのヴェネツィア金貨である。何のことはない。わざわざ三ヵ月もかけてドゥカーティをステルリーニに両替して、英貨を手に入れた途端、今度は、その英貨を、もう一度ヴェネツィア通貨に両替するというわけである。

　同じ金額をいったん外貨に換えて、それをまたもとに戻すのなら、結果は同じになると思われるかもしれないが、これが違うのである。為替手形を書く時、そこに記載される交換のレートは、当然、振出地の相場による。この相場は、時により、場所によって違う。一四六三年七月のヴェネツィアにおけるヴェネツィア通貨と英貨の交換レートは、最初の為替手形に書かれていた通り、一ドゥカート四七ステルリーニであった。ところが、同年一〇月のロンドンでのレートは、一ドゥカートが四四ステルリーニである。当然、第二の為替手形には、その交換レートが明記されている筈である。この為替手形がヴェネツィアで支払われるのは、やはり三ヵ月後だから、一四六四年一月二〇日ということになるが、その時の金額は、一ドゥカート四四ステルリーニとして、四七、〇〇〇ステルリーニ分、すなわち、一、〇六八ドゥカーティ余となる。つまり結果的には、メディチ銀行は、一四六三年七月にAに一、〇〇〇ドゥカーティを渡し、半年後に、同じAから、元金プラス六八ドゥカーティ余を受け取ったということになる。これは、半年間で七パーセント弱、年利に直せば、一割四分弱の利率で「貸付け」たのと、実質的に同じである。なお、序でに言えば、この一割四分という「年利」は、当時の銀行の実質的「貸付け」のほぼ平均の利率であった。

この操作は、逆にロンドンを出発点として行なっても、まったく同じ結果になる。一ドゥカートをステルリーニに交換する時、ヴェネツィアでは四七、ロンドンでは四四ということであるから、今かりに、ロンドンで四四、〇〇〇ステルリーニを「貸付け」て、ヴェネツィア払いの為替手形を書かせたとすると、三ヵ月後に、ヴェネツィアで一、〇〇〇ドゥカーティが手にはいる。それを直ちにもう一度英貨に交換すると、さらに三ヵ月後に、ロンドンで四七、〇〇〇ステルリーニが受け取れる。つまり半年の間に、三、〇〇〇ステルリーニの「利子」がつくわけである。なお、実際の場合には、銀行は両替の手数料を相手方に負わせるから、金額は多少違って来るが、それは「利子」に比べれば、はるかに少額なので、一応ここでは問題にしない。

このようにして、表向きは二つの独立した「両替」取引きが、実質的に「貸付け」の機能を果した。自国の通貨を外貨に交換するのは、正当な銀行業務だから、教会もこれには文句のつけようがない。銀行が預金者に対して支払う「謝礼」ですら、「精神的金貸し」だとして非難したフィレンツェの大司教聖アントニオのように厳しい人は、究極的にはお金が「利子」を生む結果になるこの二重「両替」にも眉をひそめていたが、一般の神学者たちは、その利益は、「利子」ではなく、一般の商取引きの場合と同じく一種の投機の利益であると見做して、それを容認していた。そして事実、為替の相場は一定不変ではなく、さまざまの理由で変り得るものであった。一般的には自国の通貨が強い（たとえばヴェネツィアではドゥカーティが、ロンドンではステルリーニが相対的に強い）という原則があって、これが実は妥当な「貸付け利子」とのかね合いで決って来るのだが、それ以外に、戦争等の緊急事態で市場が混乱するとか、君主が強権をもって介入して来るとか、その他の理由で大きく変ることもあった。だから、三ヵ月の猶予期間のあいだに相場が変って、貸した方が損をする場合もないとは言えない。つまりその利益が確実なものではないから、「金貸し」の利子ではないということになるのだが、そうは言っても、ほとんどの場合、銀行側が利益を得ることは、メディチ家の成功が雄弁に証明しているのである。

《ポルティナリの祭壇画》の注文者

ところで、この二重「両替」をシステマティックに行なうためには、ヨーロッパの各地に支店、ないしは代理人の網の目を張りめぐらしておかなければならない。なにしろ、どこか外国の通貨と換えることがどうしても必要だからである。それも、なるべくならいろいろな場所にある方が有利である。相場の動向によっては、ロンドンよりもブリュージュを利用した方が利益が大きいということがあるかもしれない。また、相手方の代理人も必要だから、相手の都合では、バルセロナかリヨンでなければならないということもあり得る。したがって、大銀行は、いずれもなるべく広い支店網を整備するよう心がけた。メディチ銀行も、特に一五世紀前半から中頃にかけては、かつてのバルディ家やペルッツィ家には及ばないとしても、イタリアでは随一の充実した支店網を持っていた。

もちろん、支店（または代理人）のメリットは、「為替手形」の操作が可能だということだけではない。政治や市場の動きについての情報をいち早くキャッチすることができるし、時には、現地で実際に商業活動をすることもある。たとえば、一四六五年以来、メディチ銀行ブリュージュ支店の支配人になったトンマソ・ポルティナリの場合が良い例で、彼はブルゴーニュ公の宮廷に出入りし、後のシャルル豪胆公の信任を得て、宮廷に収める絹の注文を取るのに成功した。それまで、ブルゴーニュ公の宮廷に収める絹は、ルッカの商人が一手に独占していたので、その一角に食い込むことができたのは、商社としてのメディチ家にとって、大きな意味を持った筈である。もっとも、このポルティナリは、宮廷に出入りするだけあって、かなり派手好きな性格で、政治的な野心も強かった。そのため、長いことコジモに疎んぜられて、ブリュージュ支店の支配人になったのも、コジモの死後、ピエロの代になってからである。

なお、序でに言えば、このトンマソは、ダンテの永遠の恋人であったベアトリーチェの父フォルコ・ポルティナリの子孫で、現在《ポルティナリの祭壇画》として知られるウフィツィ美術館の《牧者の礼拝》を、フーゴー・ファン・デル・グースに依頼して描かせた人である。彼は、一四七〇年、マリア・バンディーニ・バロンチェリと結婚したが、その時、妻マリアは、わずか一五歳の少女であったという。《ポルティナリの祭壇画》では、両翼の部分に子供を連れたトンマソとマリアが描かれているが、子供たちの年齢から考えて、祭壇画そのものは、一四七〇年代の半ばに描かれたと推定される。ニューヨークのメトロポリタン美術館には、ハンス・メムリンクの手になるこの二人の肖像画があるが、そこでは二人は、ファン・デル・グースの作品におけるよりも若く、多分結婚後間もなく描かれたもののようである。そこでは彼女は、華やかな首飾りをつけ、髪を後方に高くのばしてヴェールで覆うという貴族の娘のような装いを見せているが、それはおそらく夫のトンマソの趣味であったろう。

彼は、一四八一年、ロレンツォ・デ・メディチの時代に、メディチ銀行をやめている。その理由はいろいろあるだろうが、もしかしたら、一四七八年のパッツィの乱が微妙に影を落しているかもしれない。ロレンツォたちを暗殺してメディチ家の支配を覆そうとしたこの陰謀の中心の一人であったベルナルドは、妻のマリアの一族だからである。ベルナルドは、ロレンツォの弟ジュリアーノを刺殺した直接の下手人で、反乱失敗の後、逃れてコンスタンティノープルに渡ったが、ロレンツォの厳しい追及を逃れることができず、捕えられて絞首刑に処せられた。この時、バルジェロ宮の窓から吊り下げられたベルナルドの姿を描き出したレオナルドのデッサンが残っている。

さらに蛇足をつけ加えれば、トンマソ・ポルティナリがブルゴーニュ公の宮廷に絹を売込む時のライヴァルであったルッカの商人がジョヴァンニ・アルノルフィニで、彼の姿も、ロンドンのナショナル・ギャラリーにあるファン・アイクの《アルノルフィニ夫妻の肖像》によって、永遠に伝えられている。

＊二〇一五年に東京・渋谷の BUNKAMURA ザ・ミュージアムで開催された「ボッティチェリとルネサンス　フィレンツェの富と美」展では、当時の金貨、銀貨とともに「為替手形」の実例が展示された。

iv

信用されなかった署名

メディチ家の財力を形成するのに重要な役割を果した「為替手形」について、もう少し話を続けたい。すでに述べたように、為替手形による実質的「貸付け」を行なうには、本来、少なくとも四人の代表が必要である。貸し手と借り手――と言うよりも、表向き正確に言えば、お金を渡す方と受け取る方――のほかに、どこか外国の町における双方それぞれの代理人がいなければならないからである。

ところが、実際の取引きでは、四人ではなく、三人だけで話が済んでしまう場合が時々見られる。芝居の早替りではないが、代理人が一人二役を演ずることがあるからである。

これは、実際に貸し手と借り手の代理人がたまたま同一人であったという場合もあり得たが、たとえば一四四一年にヴェネツィアのメディチ銀行がアントニオ・ディ・ニッコロ・デル・コンテに対して行なった三回の「融資」の場合などは、明らかに作為的なものであった。この時の両替操作は、ヴェネツィアとブリュージュのあいだで行なわれたが、借り手の方のアントニオ・デル・コンテが、どうやらブリュージュには代理人を持っていなかったらしい。形の上では、ヴェネツィアで受け取った（借りた）分をブリュージュで支払う（返す）わけだから、双方の代理人がブリュージュにいないと具合が悪い。そこで、ヴェネツィアのメディチ銀行は、アントニオに対し、ブリュージュのメディチ銀行を代理人とするよう、助言を与えた。具体的には、アントニオの振り出す為替手形の支払人が、ブリュージュのメディチ銀行ということになるわけである。ところが、支払われる方も、同じブリュージュのメディチ銀行である。したがって、手形の文面は――この時の手形そのものは残っていないというが、同じような場合の他の例から類推して――、かくかくの金額を「何某殿に支払われたし」ではなく、「貴下自身に支払われたし」となっていた筈である。そこでブリュージュのメディチ銀行は、ヴェネツィアからこの手形が回されて来た時、一人二役を演ずる。すなわち、まずアントニオの代理人として手形の指定通りのフランドル貨を支払い、それをヴェネツィアのメディチ銀行の代理人として受け取り、次いでそのフランドル貨をもう一度自分に渡し、それを受け取って代りにヴェネツィア払いの為替手形を振り出し、またその手形を受け取るという、ややっこしいことになる。もっとも、ややっこしいのは表向きであって、実際にはお金の受け渡しなどする必要がなく、すべて帳簿上の操作で処理されるから、かえって簡単だと言えるかもしれない。この第二の為替手形が四ヵ月後（ヴェネツィア―ブリュージュ間の猶予期間は六〇日）に戻って来た時、ヴェネツィアのメディチ銀行は、それによってアントニオから元金と利子（にあたる金額）を「取り立てる」ことができるわけである。

この方式をうまく使えば――と言うよりも悪用すれば――、外地において支払い能力のない人でも「融資」を受けられるということになる。現にアントニオ・デル・コンテは、ブリュージュでの支払い能力はなかった。ヴェネツィア通貨で受け取った分をフランドル通貨で支払えないのだから、この場合、厳密に言えば「両替」は成立しない。とすれば、隠れみのが成り立たないから、これは明らかに教会の掟に触れる「金貸し」の行為である。したがって、実際の金銭の受け渡しの伴わない「乾いた両替」は、神学者たちによって厳しく非難されていた。

ただし、問題は実はきわめて微妙で、右に引いた例の場合でも、もしアントニオがフランドルに財産を持っていて、それをブリュージュのメディチ銀行に預けていたとしたら、まったく同じことをやっても適法であって、どこからも文句は来ない。そのあたりのかね合いは、外からではなかなかわかりにくい。明らかに違法であることを表向きの記録に残すわけはないから、実体はつかみ難いのだが、この「乾いた両替」は、実際にはかなり行なわれていたようである。

もうひとつ、為替手形に関して興味深い問題は、誰がそれを書くかということである。個人の場合なら問題はないが、メディチ銀行のような組織の場合、誰でもが書いていいというわけではない。今日なら、印刷や印字機があるが、当時においては、手形はもちろん全文手書きである。そして、最初から最後まで、一人で書かなければならなかった。本文は部下に書かせて、責任者が署名だけすればよいというものではなかった。大体、この時代には、まだ今日ほど署名の重要性が確立していない。一般預金者が銀行から払戻しを受ける時も、署名のある書類より口頭の方が信用された時代である。為替手形の信憑性は、署名よりも全体の筆跡によって判断されたのである。

したがって、銀行組織のなかでは、手形を書く（発行する）権能を持つ人は、厳しく決められていた。それは、大きな店でもトップの二人か三人、小さな支店になると支店長一人だけというのが普通で、このあたりはおそらく今日の銀行でも似たようなものであろうが、ただ違うのは、その責任者が、手形の文言を全部自分で手書きしなければならないという点である。もともと、為替手形というものは、あちらこちら旅して回るものである。そのために、メディチ家のような大銀行になると、ヨーロッパ中を覆う支店網を整備していたわけだが、その支店網が有効に機能するためには、それぞれの店で誰が手形を書く権能を持っているかということを、すべての店が心得ていなければならない。それのみならず、その人の筆跡がどんなものであるか、ちゃんと見分けがつかなければならない。さもなければ、手形の偽造など、いくらもできるからである。したがって、それぞれの店に、他の全店の責任者（権限者）のリストとともに、その筆跡の見本がそろっていなければならないのである。

考えてみれば、当時の支店長というものも楽ではない。その地位に就いた途端に、全支店のために、手形の筆跡見本を書かなければならない。それも、複写機などという便利なものがない時代であるから、二〇でも三〇でも、必要な数だけは全文自分で書くわけである。そして、日常の業務で、手形を発行するという段になると、すべて引き受けなければならない。さもなければ、手形は有効ではないのである。現に、手形の文章の（署名のではない）筆跡が違うという理由で支払いが拒否された例は、二、三にとどまらない。

ヨーロッパ中にはりめぐらされた支店網

ところで、いま仮りに「支店長」という言い方をしたが、この時代のメディチ銀行の組織網は、必ずしも現在の「支店」という概念があてはまるわけではない。一世紀前のバルディ家やペルッツィ家は、一応今日のかたちに近い本店、支店の関係を持っていた。つまり、末端組織にいたるまで、同一の企業体に属するという単一な形態が普通であった。しかし一五世紀の銀行、特にメディチ家は、もう少し複雑なやり方を選んだ。金融取引きの中心である多くの都市では、メディチ銀行を代表するのは、名前はメディチ銀行であっても、フィレンツェの本店とは別の独立した組織であった。そのメディチ銀行の支配人は、本店の社員でもなければメディチ家の雇われ人でもなく、重要な事項についてはメディチ家の指示を仰ぎ、相談はするものの、ある程度まで自分の裁量で事を処理することのできるいわば共同経営者であった。したがって、彼はメディチ家から給与を貰うわけではなく、自分の店であげた利益の分配にあずかるというかたちで収入を得るのである。もちろん、もし欠損になった場合には、その損害も同じ割合いで背負いこまなければならない。

普通の場合、共同経営の契約は、四年ないし五年で更新されることになっており、そのたびに利益をどのように分けるかということが決められた。たとえば、一四三五年三月二五日の日付で、フィレンツェの本店とヴェネツィア支店の支配人ロット・ボッツィ、および副支配人アントニオ・マルテリのあいだに取りかわされた契約では、全体の利益の二四分の一七を本店、二四分の四を支配人、二四分の三を副支配人に分けるということになっている。つまり、利益の三分の二以上を本店が取るわけだが、この時のヴェネツィア支店の資本金八、〇〇〇ドゥカーティのうち、七、〇〇〇ドゥカーティまでが本店の出資であるから、出資金の割合から言えば、メディチ家は大分遠慮している。

もうひとつ、一四五六年三月二五日付けのブリュージュ支店に関する契約の例を挙げよう。序でに言うと、この種の契約は、だいたい三月二五日から始まるのが普通であるが、それはフィレンツェの暦法ではこの日（聖母へのお告げの日）から年が改まるからである。この時も、契約の当事者は三者で、メディチ家と、前支配人で共同出資者のジェロッツォ・デ・ピッリと、新しい支配人のアンジェロ・タ一ニで、支店の正式名称は「ピエロ・ディ・コジモ・デ・メディチおよびジェロッツォ・デ・ピッリ商会」となっている。

契約書によれば、資本金は全部でフランドル通貨三、〇〇〇リーブリ、そのうちメディチ家の出資分が一、九〇〇リーブリで半分以上を占め、残りを、ピッリが六〇〇、ターニが五〇〇という割合で受け持っていた。これに対し、利益の方は、六、二、二の割合で三者のあいだで分配される。アンジェロ・ターニは、出資金は一番少ないのに、利益の分前はピッリと同じだけ貰えることになっているが、これは、ピッリが出資するだけであるのに対し、ターニは支配人として仕事をしなければならないから、当然である。

面白いのは、支配人としてのターニの仕事の内容が、契約書に詳しく定められていることである。すなわち、ターニは、必ずメディチ家の指示によって仕事をしなければならず、自分で勝手に取引きを決めてはいけない。もし、これに違反した時（つまりメディチ家の了解なしに取引した時）は、五〇リーブリの罰金でしかもその利益はメディチ家（と共同出資者のピッリ）が全部取り、損失はターニが全部背負う。また、仕事の報告のためにフィレンツェに呼ばれた時以外、勝手に旅をしてはならない。そのほか、お金を貸す（というのはつまり例の両替を利用してであるが）相手は、充分信用のおける商人か製造業者でなければいけないとか、ローマに行く聖職者たちに信用状を発行するのは、現金を受け取ってからでなければならないなどというのは、堅実を旨とする商売の性質上当然であろうが、一リーブロ以上の価値の贈物を貰ってはいけないとか、賭事をしてはいけないとか、家の近くに女たちを住まわせてはならない（そのようなことが普通に行なわれていたのだろうか）というような項目になると、共同経営者というのは随分いろいろ気を使うものだと感心させられる。

さらに、社員の採用についても、共同経営者の承認が必要だということが定められており、人事権も事実上完全にメディチ家の手中にあった。したがって、実際にはメディチ家の意向がほぼ完全に貫かれるようになっているのだが、かたちの上ではあくまでも独立した企業体であるから、支店と言うよりはむしろ子会社に近いと言うべきであろうか。

一四五五年七月、このターニがまだ一般社員であった頃、このブリュージュ支店（正確にはメディチ商会）が、ダミアーノ・ルフィーニというミラノの商人から訴えられたことがあった。ルフィーニがロンドンのメディチ商会から買った羊毛の包装が不完全で、商品がいたんだから弁償せよというのである。その時のブリュージュ支店の責任者は、前にも登場して来たトンマソ・ポルティナリであったが、ポルティナリはその時、同じメディチ商会であっても、ロンドンとブリュージュはまったく別の会社だから、ロンドンの失策に責任は負えないと突っぱねて、その通り認められている。それぞれの「支店」が、実は独立した企業体であることを示す明らかな事例のひとつと言ってよいであろう。

もちろん、すべての「支店」がこのような共同経営方式をとっていたわけではない。時には、たとえばライン河の向う側のケルンの場合のように、その土地の商人に代理業務だけを依頼する場合もある。ブリュージュでも、「支店」のほかに、例のミケーレ・アルノルフィニと代理業務契約を結んで、アルノルフィニに手形発行の権能を与えている。

メディチ銀行の最盛期にあたる一四五五年という時点で、ヨーロッパにおける「支店」網がどの程度であったかということを示す資料が残っている。各地において、「為替手形」を発行することのできる人びとの名前を揃えたリストがそれである。各「支店」は、このリストと、それぞれの人の筆跡の見本を揃えておいて、自分の店に回って来た手形が果して本物であるかどうか、チェックするというわけである。別の言葉で言えば、このリストに記載されている土地では、メディチ銀行は正規の銀行業務を営むことができたということになる。

それによると、アルプス以北の国々で「支店」、または代理店があるのは、イギリスのロンドン、スペインのバルセロナ、フランドルのブリュージュ、スイスのジュネーヴ、ドイツのケルン、フランスのリヨン、アヴィニョン、モンペリエで、そのほかに、東方貿易の拠点として、ロドスにメディチ家ときわめて近かったベルナルド・サルヴィアーティが陣取っている。イタリア半島内部では、ボローニャ、フェラーラ、ジェノヴァ、ミラノ、ナポリ、ペルージア、ピサ、ローマ、シエナ、ヴェネツィアと、これはさすがに多い。そして、たとえばブリュージュで為替手形を振り出す権能を持っている人として、ジェロッツォ・デ・ピッリ、トンマソ・ポルティナリ、マルコ・ベンチヴェンニ、そして翌年ブリュージュ支店の支配人になるアンジェロ・ターニの四人と、代理業務を委託していたミケーレ・アルノルフィニの名前が挙げられている。

このように、ひとつの町に五人も正規の代理人がいるというのは、アルプス以北ではブリュージュだけで、一六世紀以降急速に衰えて行くこの町が、当時いかに重要な経済の中心地であったかということをよく示している。そのほかの町では、代理人はだいたい一人、ロンドンでもやっと二人という程度であった。たとえば、アヴィニョンの町では、フランチェスコ・サセッティとジョヴァンニ・ザンピーニが共同経営者であったが、手形振出しの権能を持つ正規の代理人はザンピーニだけである。後に、フィレンツェのサンタ・トリニタ聖堂に、ギルランダイオの筆になる壁画で有名なサセッティ礼拝堂を寄進する有能な経営者フランチェスコ・サセッティは、この時は、ジュネーヴの代理人として活躍していた。

教皇庁業務の重要性

これらの数多くの「支店」のうちで、ひとつだけ、他とは少し異なった性格を持っていたのが、ローマである。すでに述べたように、メディチ家は、当時の他の大銀行家と同じく、銀行であると同時に商社でもあり、また、仕事の割合から言えばそれほどのことはないとしても、織物などの製造業者でもあった。したがって、「支店」の活動も、銀行業務以外に当然商業活動があったわけだが、ローマ支店だけは、もっぱら文字通りの「銀行」としてのみ活動した。それは、商業活動がもっぱら近くのナポリに押えられていたからでもあるが、何よりも、ローマは教皇庁の町であり、すべての重要な仕事は、教皇庁に結びついていたからである。したがって、その実体から言えば、「ローマ支店」というよりも、むしろ「教皇庁支店」と呼んだ方がよい。

事実また、「支店」もつねにローマにあったわけではない。この時代の教皇は、公会議や、戦争や、時には派閥の争いの結果として、ローマ以外の土地にしばしば滞在することがあった。そのような時には、枢機卿をはじめとして教皇庁の主要な人びとは、大勢のお供をしたがえて教皇に随《つ》きしたがうわけだが、銀行の「支店」も、同じように移動するからである。たとえば、教皇エウゲニウス四世（在位一四三一—四七）の時代、一四三九年から四三年まで、いわゆるフィレンツェ公会議のため、教皇がフィレンツェのサンタ・マリア・ノヴェラ聖堂に滞在していたことがあったが、この期間は、メディチ銀行の「ローマ支店」も、サンタ・マリア・ノヴェラ聖堂前の広場に面した家を借りて「営業」していた。当時フィレンツェには、ラルガ街のパラッツォ・メディチにもちろんメディチ銀行の総本店があり、メルカート・ヌオーヴォ広場にも支店の窓口があったから、合わせて三つのメディチ銀行がフィレンツェ市内で営業していたということになる。ただし、サンタ・マリア・ノヴェラ広場の店は、あくまでも「ローマ支店」ないしは「教皇庁支店」であって、フィレンツェの人びとの業務は扱わない。帳簿でさえも、フィレンツェのフロリンとは別の教皇庁フロリンでつけられていた。

この「ローマ支店」は、このようにあちらこちら移動して歩くにもかかわらず、メディチ銀行全体にとってきわめて重要な位置を占めていた。たとえば、一三九七年、メディチ銀行設立の年から一四二〇年までの銀行の総利益の半分は、「ローマ支店」が稼いでいる。一四二〇年から三五年までの期間になるとこの割合はもっと上がって、総利益の実に六二・八パーセントが「ローマ支店」のものである。その後、他の支店の活動が活発になるにつれて、ローマの重要性は相対的に下がっているが、それでも一四三五年から五〇年までの時期の総利益の三〇・四パーセントが、ローマのものである。

取り立ててこれという商業活動が何もないローマ支店が、これほど大きな利益を上げ得たのは、言うまでもなく教皇庁の財政を預かるからである。一四世紀までは、教皇庁の財産は、教皇が指定する財務官が直接管理するのが普通であった。この財務官は、もちろん銀行家ではなくて高位聖職者であり、たいていの場合、大司教クラスの人があてられた。

ところが、一五世紀には、教皇庁の財産を全部銀行に預けて、銀行内部の誰かを教皇庁財務官に任命するという方式がとられるようになった。ヨーロッパ全体にわたっていろいろなかたちで行なわれる収入や支出の事務は、銀行に任せた方が簡単だからである。一例を挙げると、枢機卿はもちろんのこと、大司教、司教その他教会内の重要な地位を誰に与えるかということは、もちろん教皇の大きな権限であったが、同時にまた、教皇庁の大事な財源でもあった。地位を与えられた者は、それに応じた奉納金を教皇庁に納めなければならないからである。これは、あまり露骨にやると、聖職位売買ということになり、ダンテの『神曲』のなかで強く非難されているように、あまり評判の良いものではないが、逆に言えば、それだけ財源としては有効なのである。しかし、たとえばスコットランドのはずれの司教区に誰か司教を任命した場合、もしその司教が奉納金を納めないからと言ってわざわざ取り立てに行くわけにはいかない。そこで教皇庁は、司教任命の勅書を封印したまま教皇庁財務官に渡し、奉納金と引換えに本人に渡すという巧妙な方法を考えついた。この場合、財務官がメディチ家のような大銀行の人なら、その支店網を通じて勅書と奉納金を取り次ぐのは、きわめて容易である。もちろん、銀行の方も、そのサーヴィスに対して手数料を取ることができるから、少しも苦痛ではない。

このような重要な教皇庁財務官の地位は、一五世紀を通じて、ほとんどの場合、メディチ銀行のローマ支店支配人に与えられた。途中でエウゲニウス四世の時代の一時期と、ピウス二世、パウルス二世の時期に一時的に他の銀行家に任せられたことがあったが、それ以外はずっとメディチ銀行の独占であった。この重要な地位を守るため、メディチ家でも、ローマ支店の人員には、特別に配慮を払った。ピエロ・デ・メディチの妻ルクレチア・トルナブオーニの弟、つまりロレンツォ・イル・マニフィコの母方の叔父にあたるジョヴァンニ・トルナブオーニが、一五世紀最後の三〇年間、ずっとローマ支店支配人の地位にとどまっていたのは、ひとつにはそのためである。このジョヴァンニ・トルナブオーニは、サンタ・マリア・ノヴェラ聖堂内陣奥の礼拝堂にギルランダイオの壁画を描かせたことで知られるが、メディチ家と最も関係の深かった重要な人物である。なお、このジョヴァンニの息子のロレンツォが、アルビッツィ家の娘ジョヴァンナと結婚しているが、彼女の美しい姿も、ギルランダイオの名筆によってわれわれに伝えられている。アルビッツィ家も、フィレンツェでは有力な家柄であったから、この結婚も、メディチ家の勢力を増大するのに役立ったであろう。この時の結婚式は、メディチ時代のフィレンツェの最も華やかな行事のひとつであった。ただ、このロレンツォ・トルナブオーニは、メディチ家の没落後、メディチ派の中心人物の一人と見られて、斬首の刑に処せられるという不幸な運命に見舞われた。メディチ家とのつながりが、彼の生涯の栄光と悲惨をもたらしたと言ってもよいのである。

2

一市民の日記

i

合理主義の精神

ルネッサンスの時代に、芸術のみならず、「精神的・物質的生活のすべてを支配」していた合理主義の精神について、アーノルド・ハウザーは、『芸術の歴史』（高橋義孝訳、平凡社、一九五八年）のなかで、次のように述べている。

「今や芸術の根本的な規範となった統一性の諸原理、つまり統一的な空間感情、比例の統一的な規準、描写をただ一つの主要な画題に限定すること、一目でとらえうる形式に構図をまとめること、こういうこともやはり合理主義の精神から出てきたもので、それらの諸原理のうちには同時代の経済の計画性、目的性、打算性に現われているのと同じような、算定できず統制できない一切への嫌悪の情が表明されているのである。これらの諸原理は労働や交易技術の組織化や、クレディットや複式簿記や、国家統治、外交、戦争の方法などに一貫する同じ精神の所産である」

ここでハウザーが指摘する合理主義の精神とは、別の言葉で言えば、世界を見る新しい眼と言ってもよいであろう。世界そのものは、たとえば自然の姿は、それほど大きく変っているわけではない。そして、中世の人びとが自然を眺めなかったと言っては嘘になる。しかし、一輪の野の花を前にして、そこに神の栄光を見ようとする意識と、自然の理法を探ろうとする精神とは、明らかに違うと言わなければならない。それこそが、聖フランチェスコの『小さな花々』とレオナルドの手稿とを区別するものである。

もちろん、この二人の世界のあいだには、断絶と同時に、連続する面のあることもたしかである。ハウザー自身、ルネッサンスとは、実際には、「資本主義的な経済組織、社会組織を目ざして進んで行く中世の発展傾向を、ただ合理主義の面で深化させたものにすぎない」と述べている。まったく同様に、為替手形や複式簿記も、中世末期にすでに萌芽として存在していたものを体系的に「深化させたもの」にほかならず、アルベルティやレオナルドの遠近法理論も、トレチェント（一三〇〇年代）にすでに見られた空間表現への志向を理論的に「深化させたもの」にすぎないと言うこともできるだろう。しかし、それにもかかわらず、為替手形のシステマティックな利用や複式簿記の採用は銀行の活動形体をすっかり変えてしまったし、遠近法の理論は、絵画の歴史に決定的な何かをつけ加えた。もしそれらが「一貫する同じ精神の所産」であるとするなら、その「同じ精神」が、たとえずっと薄められたかたちにおいてではあるにせよ、一般の市民たちのあいだに——その行動様式や、生活信条や、ものの見方に——うかがわれるとしても、少しも不思議ではない。いやむしろ、アルベルティやレオナルドのような人並み優れた精神も、そのような一般的精神風土の背景の上に、その最も濃密に凝縮されたかたちで登場して来たものと言うこともできるだろう。今ここで取り上げたいと思うのは、その時代精神をきわめてよく反映していると思われる一人の平凡なフィレンツェ市民の日記である。

現実を見る冷静な眼

その作者は、ロレンツォ・デ・メディチのような傑出した政治家でもなければ、サヴォナローラのような宗教的英雄でもなく、もちろんレオナルドのような芸術的天才でもなかった。ルカ・ランドゥッチというその名前も、もし彼が、おそらくはかなり晩年になってから、自分の書き記した日記を後世に残そうという気を起こさなかったなら、永遠に忘れられてしまったに違いない。事実、彼は、多くの市民たちが入れ替りたち替り何らかのかたちで政治に参与するという少なくとも表向きはきわめて「民主的」な形式を守っていたフィレンツェ共和国において、何か公式のポストを占めていたということもないし、むろん当時の数多い年代記に登場して来るような人物でもない。日記そのものの内容から判断するかぎり、彼はフィレンツェの町の然るべき場所に自分の店を構え、穀物の値段の動きに気を配り、政治的動乱に関心を寄せながらもどちらの党派にも与《くみ》しようとはせず、戦争や疫病の流行を冷静に受け止め、平穏な生活を神に感謝し、日々のわずらわしい仕事を現実的に処理し、混乱の時代には何とかして自分の生活を守り抜こうと細心に、臆病に、しかし精一杯生きていた善良な市民の一人であった。つまり、どんな時代にも、われわれのすぐ身近に数多くその例を見出すことができるような、ごく普通の、目立たない市民の一人であった。しかし、そのランドゥッチが、たとえば次のように書き記しているのを読む時、われわれは、やはりそこに、クァトロチェント（一四〇〇年代）という時代を感じないわけにはいかない。

「われわれは、シエナの町の二つの城門に血の雨が降り、またヴィテルボでは一人の女が現われて、フィレンツェに真の預言者がいると宣言したという話を聞いた。私は、何と愚かしいことが人びとによって語られたかを示すためにのみ、そのことをここに書き記しておく」

この一文は、一四九六年四月七日の記事に見られるものである。一四九六年と言えば、フィ

1500年頃のフィレンツェの街並み。サヴォナローラの説教集から

レンツェにおいて、メディチ家の没落の後、サヴォナローラが登場して、人びとのあいだに絶大な権威を持つようになった時代である。一方では、あい続く政治的動乱と、戦争という直接人びとの生活に脅威を及ぼす多くの事件が身近に起こり、他方では、一五〇〇年という大きな区切りを目の前に控えて、世界の終末に対する不安と期待が異常なまでに大きくふくれ上がったこの時期に、思いがけない不思議なことが各地で起こった——少なくとも起こったと信じられたことは、少しも驚くにはあたらない。一五〇〇年を期して世界の終末がやって来るという預言は、二〇〇年も前から繰り返し語られて来たのである。だがそれと同時に、そのような数々の不思議を「愚かしいこと」と冷静に受け止める醒めた眼の持主がいたということは、しかもそれが、特に選ばれた学者や教養人ではなくて、ごく当り前の平凡な一市民のなかにいたということは、この時代を支える一般的精神の持つしたたかさというものを改めて

思い知らせてくれるものであろう。フィレンツェにおいても、すべての人がサヴォナローラの激しい弁舌に熱狂していたわけではないのである。
それは、ハウザーの言う「合理主義」の精神と同じものであろう。あるいは、もっと端的に、実際的、現実的な生活人の感覚と呼んでもよいかもしれない。世界の終末が来ようと、不思議な出来事が起ころうと、自分は自分の今日の生活を生きて行くというたくましい生活感覚である。この点においては、ルカ・ランドゥッチは、その長い歳月の日記を通じて、見事なほど一貫している。

「このほど、ファエンツァで、マリア下僕会の修道士が一人世を去った。彼は数多くの奇蹟を成しとげた。誰かが死ぬ時に鐘がひとりでに鳴ったり、病人が癒されたりということが起こった。国中の人びとが、あらゆるところから彼に会いに行った。私は信頼のおける人と話をしたが、彼はこれらの事実を目撃したと語った。奇蹟は、ある時は河下の方で、ある時は山の上の方で絶えず起こった。またある時は、その修道士は、聖母マリアその人と話をしているところを目撃された。私は、人びとが神から何か偉大なことを期待する気分にあったということを示すために、このことを記しておく」　──一四八三年六月一四日もしこれが中世であったなら、奇蹟は当然の事実として受け入れられて、それにさまざまな解釈が加えられたであろう。また、もし近代であれば、そのようなことはあり得ないと斥けられたか、あるいは何か「科学的な」説明がなされたであろう。だが、ランドゥッチの場合は、もっとはるかに実際的であり、即物的である。奇蹟の話を聞いたらその話を、噂があれば噂を、ただそのままに書き記して、何ら特別に解釈を加えない。「人びとが神から何か偉大なことを期待する気分にあった」ということは、単に彼が観察した事実である。それを彼は、ちょうど穀物の値段の変動を書き記すのと同じように、あるいは自分の帳簿に日々の収支を記帳するのと同じように、淡々と記録するだけである。

「この頃、ビッボナ（ビビエナ）の聖母の、というよりも、ビッボナから少し離れたところにある祭壇の聖母像の信仰のことが大いに話題となった。それは、十字架から降ろされた後の死せるキリストを腕の中に抱いて座っている聖母の姿で、人びとによって『ピエタ』と呼ばれている像である。その信仰は、四月の五日、その姿が変容した時から始まった。すなわちそれは、青から赤へ、そして赤から黒やその他さまざまの色に変ったのである。そして、それは、その時から今まで、何回も起こったと伝えられ、さらに、多くの病人が癒され、数々の奇蹟が行なわれ、多くの争いが解決された。そこで、すべての人びとがそこに駆けつけた。今では、ただこの話しか人びとの話題には上らない。私は、大勢の人びとと話をしたが、彼らは、実際にその像が変容するのを自分たちの眼で見たと語った。したがって、人はどうしてもこのことを信じないわけにはいかないだろう」

――一四八二年六月一二日

多くの人びとがこの「奇蹟」に熱狂し、感激している時に、それを書きとどめるランドゥッチの筆は、まったく無感動と言っていい程冷ややかである。彼は単に、聖母像が変容したという事実を、というよりもその聖母像が変容したのを多くの人びとが実際に見たという事実を、いや、もっと正確に言えば、その変容を実際に見たと多くの人びとが彼に語ったという事実だけを書き残しているに過ぎない。ランドゥッチにとって、少なくとも自分の知っている多くの人びとが、そのことを語ったということだけは、確実な事実としてある。そして彼は、その確実な事実だけを、余計なものはすべて切り捨てて語るのである。

彼の日記において、きわめてしばしば見られるのが、このような冷静な、現実的態度である。そこには、「われわれは聞いた……」「……という話を私は聞いた」「……と伝えられている」「……という噂が拡まっている」といった言い廻しが、くどいほど繰り返し登場して来るが、そのことは、現実世界に対する彼の態度をよく示すものと言えるだろう。自分でその話の内容の真偽を確かめる術がない時に、事実であるかのごとくに事件を書くことを、彼は慎重に避けている。逆に言えばそれは、自分自身で体験したことしか書くまいとするきわめて実証的な態度と言ってもよいであろう。根も葉もない噂であるにしろ、そのような噂があったということ、そして自分がその話を聞いたということ、それだけはたしかだから書きとどめておくというわけである。

したがって、実際に自分の眼で見たことは、はっきり見たとわざわざ断って彼は書き記している。

「われわれはムラーノから手紙を受け取ったが、そこには、地下から発見されたという銅製の牡牛の絵が描かれていた。それは次のようなものであった。その頭の上にはひとつの町が乗っており、右の前足で人間の首をつかみ、左の前足で十字のついた旗を持っていた。わき腹には、三つの鐘が上下逆についていた。胴体の真中に人間の姿があり、お尻の下には、聖餅のついた聖杯が置かれていた……。これはさまざまに解釈されたが、いずれにしても、そこに教皇の紋章が見られるので、教皇に与えられたものであることはたしかである。ただそれが実際に何を意味するか、神のみぞ知るというところである。私がこのことを書き記したのは、私自身が、その手紙と絵とを見たからである」

――一五〇〇年一〇月二九日

たしかに、このフィレンツェの市民は、自分の眼だけを信じて、その眼に映ずるものを、何の感情もまじえずに詳細に記録していったように見える。それは、ランドゥッチが生きた一五世紀後半から一六世紀初頭にかけての、あのフィレンツェのかつてない動乱の歴史を見る時も、まったく同様なのである。

ii

平凡な薬種商

ここらあたりで、この『日記』の作者ルカ・ランドゥッチがどういう人であったかということに少し触れておこう。

もっとも、すでに述べた通り、彼の名前はフィレンツェの公けの歴史には登場して来ない。差し当りわれわれが彼について何か知ることのできる資料というのは、『日記』そのものである。それによると、彼の祖父は彼と同じルカ、父はアントニオ・ランドゥッチという名で、彼自身は、一四五〇年に一四歳であった。この年に彼はカランドラという先生について簿記を習い、首尾よくその知識を身につけることができて、二年後には、メルカート・ヴェッキオ（旧市場）にあったフランチェスコという薬種商の店に勤めるようになった。つまり、この『日記』の作者は、商業都市フィレンツェにおいて立派な商人となるための教育を受け、一六歳の時から、商人の見習いとして実社会に人生の船出をしたわけである。このことは、『日記』の性格を理解する上で、きわめて重要だと言えるであろう。すなわち、ルカは、政治家でもなければ学者、芸術家でもなく、徹底して「商人」であって、それなればこそ、多くの政治的事件や社会の動乱を記述しながら、余計な感情に引きずられることなく、淡々と確かな事実だけを記録することができたのである。彼はいわば、早くから習い覚えた簿記をつけるのとまったく同じ醒めた眼で、自己の生きていた世界を見ていたと言える。

フランチェスコの店にはいってから六年目に、ルカは五〇フロリンの給料（年俸）を貰うまでになっている。そして一四六二年、二六歳頃、フランチェスコの店をやめて、スピネロ・ディ・ロレンツォという男といっしょに、共同で新しい店を始めることになった。商売に自信のある意欲的な若者なら、独立して自分で仕事をしてみたいと思うのは当然のことであろう。だが、このことは、ルカにとっては裏目に出たようである。「もっと儲けたいという希望が、現在の確実な儲けを手離す結果となった」と彼は『日記』に書いている。

というのは、彼が新しい店を開こうというので手に入れたメルカート・ヴェッキオの家の改修に予想外の費用がかかった上、共同出資者である筈のスピネロが実はほとんど金を持っていなかったということがわかったからである。やむを得ず、ルカはスピネロと手を切ることに決め、そのため、折角準備した新しい店をそっくりそのままスピネロに譲り、そのために費した費用と自分の分前を、時間をかけて少しずつ返して貰うという取り決めをした。ルカとしては、スピネロのような信頼のおけない相手とは、一刻も早く別れたかったのであろう。しかしながら、その結果、彼は、独立するために準備した資金をほとんどはたいてしまい、しかもそのお金がすぐには戻って来ないという苦境に立たされた。そこで、もう一度改めてやり直すことにして、流石に一度やめたフランチェスコの店には戻ることができず、ジョヴァンニ・ダ・ブリスコリという男の店に勤めることになった。この時の給料が年俸三六フロリンということであるから、フランチェスコの店にいた時より、大分わりが悪いわけである。

しかしながら、最初の出発点におけるこのようなつまずきは、ルカにとって大きな教訓だったに相違ない。甘い希望的観測などに誤魔化されず、事実を冷たく直視することや、軽々しい行動を避けて慎重に振舞うことを彼はこの苦い経験を通じて学んだように思われる。スピネロと正式に手を切ったのは一四六三年七月のことで、それから三年後、一四六六年九月、彼は今度は自分ひとりでトルナクィンチ地区に新しい店を手に入れて、ようやく独立することができた。

この間、一四六六年の五月、彼はサルヴェストラという娘と結婚している。彼女は、ドメニコ・ディ・ドメニコ・パーニの娘で、父親はかなり裕福であったらしく、四〇〇フロリンという多額の持参金を、フィレンツェ共和国の国債というかたちで持って来た。それは、ルカがジョヴァンニの店で働いて得ていた年俸の一〇倍以上にあたる。ルカにとっては、それは独立して商売を始めるのに大いに役立ったであろう。「神は褒むべきかな」と『日記』には記されている。

ルカが結婚後四ヵ月ほどして自分の店を持つことができるようになったのは、もちろんそれまでにためていた資金もあったろうが、それ以上にこの新しい妻の持参金のお蔭であることは、ほぼ確かである。事実、ルカの『日記』を近代において初めて編集して公刊したイオドコ・デル・バディアの調べたところによると(一八八二年)、一四六九年、つまりルカの結婚後三年目になされた例の「カタスト」の記録に、ルカの店は妻の持参金によって開設されたと記されているそうである。この時の申告では、ルカは、独立後まだ間もないせいか、父親のアントニオと同じ世帯にはいっており、したがって実際に申告したのは父親の方だが、その父親の申し立てによると、ルカの店は「利益よりも出費の方が多く」、その上ルカが重い熱病で病床についているので店は「絶望的」な状態であり、もしルカが死ぬようなことでもあれば、父親である自分が持参金の分は返さなければいけないことになって破産してしまうだろうというほどであった。もちろん、この「カタスト」の申告は、現在と同様でなるべく景気の悪いことを並べ立てるのが普通だから、父親の言葉をその額面通りに受け取るわけにはいかないが、しかし何と言っても店を開いたばかりで、それほど大いに儲かっていたわけではなかったことは、充分想像できる。

なおルカは、この結婚に際して妻が実家から持って来た品物を、たとえば「真珠の縫取のある細い袖の淡青色のドレス、一着」とか、「手織の麻によるハンカチ、二四枚」という具合に、全部書き出している。後に、フィレンツェの町の出来事や噂話を丹念に書きとどめておくようになる彼の記録好きの性格は、すでにこの頃から表われていると言っていい。しかも、それのみならず、彼はこれら妻の嫁入道具を、こまかく専門家に見積らせて、全部で三八フロリンになると、内訳までつけて記録している。その上、結婚のための自分の出費も、妻への贈物はもとより、仕立屋への支払いや手伝いの手間賃まで、ずらりと数え上げている。こうなって来ると、『日記』というよりも、まさに出納簿に近い。ルカの実証的、現実主義的性格をよく表わしていると言えよう。

序でに、ルカのその他の性格の特徴をよく示す部分を『日記』のなかから抜いてみよう。

彼は、一個の独立した店を構える商人にふさわしく、つねに冷静で、小麦や野菜の値段などにもこまかく気を配っているが、だからと言って、シャイロックのように冷酷ではない。それどころか、神を信ずること篤く、他人には思いやりのある気持ちの優しい人物であった。一四九四年、彼の息子の一人(彼は一二人の子供を持っていた)が、町を歩いている時に突然何者かに刃物で切りつけられるという事件が起こった。一五世紀と言えば、フィレンツェ政庁舎前の広場、つまり今の日本なら国会議事堂前に、ライオンや虎を連れて来て猛獣狩りをやるという殺伐な時代である。ルネッサンス文化の花と言われたフィレンツェも、今日よりはるかに物騒な町であった。ましてちょうど当時は、シャルル八世のフランス軍の侵攻の直後であり、修道僧サヴォナローラが登場して来て、フィレンツェ中がその支持者と反対者とで大騒ぎをしていた頃である。しかしそれにしては、息子の生命にかかわるようなこの事件を書き記すルカ・ランドゥッチの筆は、驚くべきほど落着いている。

「今日の夕方、夜の二の時の頃、主の御意志によって、ヴォルタ・デラ・ルーナ近くのフラ・フェラヴェッキ街において、私の息子のベネデットが顔を刺されるという事件が起きた。傷口は頬を裂くように横切っており、楽観を許さない。いったい誰がやったものか、まったく思いあたる節はない。息子はこれまで誰とも争ったことはないし、彼に怨みを抱いているような人間も誰一人思い浮かばないので、私たちは、それが何かの間違いであったに相違ないと信じている。それは、私たちの他の罪を罰するために起こったのだ。私は、主が私をお許し下さるであろうように、この攻撃者を心から許す。そして神に対し、彼をお許し下さるよう、また、この事のために彼を地獄へ送ることがないよう祈る」

――一四九四年一二月二一日

なお、ここで「夜の二の時」と言われているのは、今の時間になおせば、午後一〇時のことである。当時のフィレンツェにおける時間の測り方は、一日を二四時間に分ける点では今日と同じだが、「二四時」、つまり一日の変り目は、現在の午後八時である。したがって、「一の時」が九時、「二の時」が一〇時という具合になる。これは、太陽が完全に没してしまった時に一日が終るという考え方に基づいているものであろう。

狂信の時代の記録

もうひとつ、ルカの性格をわれわれによく伝えてくれる例は、サヴォナローラに対する彼の態度である。『日記』の編纂者デル・バディアは、彼は熱心なサヴォナローラ派であったと述べているが、『日記』を通読したかぎりでは、必ずしもそうとは思われない。たしかに彼は、サヴォナローラの説教を何回も聴きに行っているし、その説教に多くの人びとが感動したことやサヴォナローラの「少年隊」たちの活躍について、記録している。たとえば一四九五年二月二七日の項には、つぎのような文章が見られる(『日記』は言うまでもなく、当時のフィレンツェ暦を使用している。それは、三月二五日を一年の始めとしていたから、三月二四日までは、前の年の年号がそのまま続いている。つまり、この日付は、今日の暦に直せば、一四九六年の二月二七日のことである。なお、文中の「ベルリンゴッツィ」と言うのは、四旬節の時に特に作られる菓子パンのことである)。

「少年たちは、修道士（サヴォナローラ）に激励されて、ベルリンゴッツィのつまった籠や、賭博のテーブルや、その他婦人たちの使う多くの虚しい飾りを取り除いて廻ったので、賭博者たちは、修道士の少年たちがやって来ると聞いただけで逃げ出したし、また、慎しやかな服装でなしに町を出歩くような婦人は一人もいなくなった」

これら「少年隊」の行動は、今日で言えば、群をなして町を練り歩き、デコレーション・ケーキと、マージャン屋と、装身具店があれば、片端から打ち壊していったということである。サヴォナローラに心酔する人びとから見れば、それは神の意志を代行した立派な行為と思えたろうし、当の商人たちにとっては迷惑至極な話であったろう。しかしルカ・ランドゥッチは、例によってきわめて淡々と事実を書き並べているだけで、それに対し彼自身がどう思ったかということは書かれていない。

上の記事から二日後、二月二九日、「少年隊」の行動はいっそう激しいものとなる。

「二月二九日。例の少年たちは、あらゆる場所に姿を見せるようになった。町の城壁沿いや食堂など、人びとが大勢集っていそうな所にいつもやって来た。町の各地区において、同じようなことが行なわれた。そして、もしも誰かが彼らに反抗しようと思ったとすれば、誰であっても、生命の危険に身を曝《さら》すことになったであろう。この頃、またた疫病がはやり始めた」

さらにその八日後、

「三月八日。修道士ジロラモ（サヴォナローラ）は、説教の最中に、集った人びとに、〈キリスト万歳〉とか、その他の敬虔な言葉を大声で叫ばせた。これは大きな興奮を呼んだ。週日であっても、毎日一万四千人から一万五千人もの人びとが説教に集った。それらのほとんどの人びとは、彼のことを預言者だと考えていた」

もちろん、ルカ・ランドゥッチ自身も、サヴォナローラのことを「預言者だと考えていた」のかもしれない。「少年隊」の行動が、あれほどまで過激なものになり得たのは、もちろん市民たちの支持があったからである。信仰篤いルカは、神の名の許に、純心な少年たちが整然と隊伍を組んで行動し、人びとが同じく神の栄光のために、その少年たちの求めるままに進んで貴重な財貨やお金を喜捨したという光景には、素直に感動している。少年たちが行動を開始した頃、二月一七日の『日記』には、少年たちの行動がどのようなものであったか、彼らがかざしていた旗のこまかい描写や、彼らが歩いた道順など、例によってこまかい「事実」が記され、人びとが多くの銀貨や、銅貨や、それのみならず、銀の食器や織物などを「何の不平も言わずに」自分から寄附したことを丹念に述べた後、次のようにつけ加えている。

「……それはまるで、すべての人がキリストと聖母に対して捧げ物をしたいと望んでいるかのようであった。私がこれらのことを書き記すのは、それが事実であり、私自身が自分の眼で見て深い感動を覚えたからである。私の息子たちのうち何人かは、この祝福された純心な少年隊の仲間であった」

それはたしかにルカの正直な感想であったろう。そのかぎりでは彼は、「サヴォナローラ派」であったと言えるかもしれない。しかしそれは、サヴォナローラのためならすべてをなげうつといったような狂信的なものではなかった。少なくともそれは、一四九七年にサヴォナローラが教皇から破門された時、それでもなおサヴォナローラを支持するというほど熱心なものではなかった。

と言って、ルカは、「教皇派」だったわけでもない。彼は、そのような政治的熱狂に捲きこ

サンタ・マリア・デル・フィオーレ大聖堂で説教するサヴォナローラ。サヴォナローラの説教集から

まれるには、あまりにも醒めた観察者であり、あまりにも現実家であった。サヴォナローラが、教皇の破門宣告を無視して説教を再開した時のルカの『日記』は、何よりも自分の生活を大切にする市井人としてのルカの面目をよく伝えている。一四九七年（一四九八年）二月一一日の『日記』である。

「修道士ジロラモは、サンタ・マリア・デル・フィオーレ大聖堂で説教を再開した。前と同じように、特別に座席が準備された。多くの人びとがその説教に出かけた。このことは、彼の破門があったので、大きな話題となった。自分たちも破門されるのを恐れて、聴きに行かなかった人びとも多かった。彼らは、〈良いか悪いかいずれにしても、慎重であるに越したことはない〉と言った。私も出かけなかった者の一人である……」

サヴォナローラは、なおも説教を続け、その年の謝肉祭には、有名な「虚飾の焼却」を行なって、サン・マルコ修道院で自らミサをあげた。

「そこには多くの人びとが集って、奇蹟のしるしを見ることを期待した。冷淡な人びとは、彼を嘲笑して、〈彼は自分では破門されていながら、他人に対して聖餐式を取り行なおうとする〉と言った。私は彼を信じてはいたが、しかしたしかにそのような行動は誤りだと思われた。私は、彼の説教を聴きに行くことで自分の身を危険に曝すことは望まなかった。というのは、彼は破門されていたからである」

それは、臆病と言えば臆病であるかもしれない。しかし、空疎な熱狂や興奮とはほど遠い生身の生活人としての信念がそこにあることは否定できない。ルカ・ランドゥッチの『日記』がわれわれにとって貴重であるのは、もちろんそこに書き記された多くの「事実」の故でもあるが、それと同時に、そこには党派的なものとはおよそほど遠い生きた生活人の眼が貫かれているからである。一五世紀末のフィレンツェに生きていた人間にとって、何らかの意味でこのサヴォナローラの事件に捲きこまれずにいることはできなかったろう。そのような状況のなかで、ルカは可能なかぎり自分を傍観者の立場に置こうとしていたように見える。それは、敢て中立を守るというような政治的立場ではむろんなかった。彼にとって守るべきものは飽くまでも自分の生活であった。そのことが、彼の『日記』に記録としての重みを与えているのである。

サヴォナローラの事件を主題として取り上げたある作家は、その作品のなかでルカ・ランドゥッチの『日記』を利用し、『日記』のなかでルカに、修道士に対する讃嘆の念を、感嘆詞入りの大袈裟な言葉で語らせている。フィクションだからと言ってしまえばそれまでだが、しかしそのような大仰な感情表現ほど、この『日記』の本質からほど遠いものはない。その作家の弁明によると『日記』の原文のままではあまりにも無味乾燥だから適当な潤色を施したということらしいが、しかし、「無味乾燥な」事実だけを並べているからこそ、この『日記』は「現実」の持つ重みをもってわれわれに迫って来るのである。もちろん、サヴォナローラの支持者にせよ反対者にせよ、狂信的な人びとは少なからずいたことであろう。しかし、それと同時に、あれほどの社会の動乱にもかかわらず、そのなかで、生活者としての鋭い現実感覚を保ち続けた市民たちもまた数多くいたのである。おそらく、ルネッサンスの文化と呼ばれるものは、そのような無言の、しかし健全な市民の生活感覚によって支えられていたと言ってもよい。ルカ・ランドゥッチの『日記』は、本来まとまったかたちの文章には残りにくいそのような一般市民たちの生活感覚を伝えてくれる貴重な資料である。その意味では、まるで出納簿のように「無味乾燥」と思われるこの記録も、やはりルネッサンスがわれわれに遺してくれた文化のひとつと呼んでよいのである。

3 フランス病かナポリ病か

軍事パレードのような戦争

一四九四年秋、二四歳の若いフランス国王シャルル八世は、ナポリ王国に対するアンジュー家の継承権を自分が受け継いだからという口実のもとに、大がかりなイタリア侵攻を企てた。これが、その後半世紀にわたって続くイタリア戦役（とフランスの歴史で呼ぶもの）の発端である。

イタリアの方から言えば、これはまったく思いがけない天災のようなものであった。事実それまで、ほとんど二〇〇年にわたって、イタリア半島は、外敵の侵入を知らなかった。もちろん、当時のイタリアは、今日のような統一国家ではなく、フィレンツェや、ミラノや、ヴェネツィアや、ローマをはじめ、大小さまざまの都市がそれぞれ独立した政治体制をとっており、その意味では数多くの国家が狭い半島内にひしめいている有様であったから、それらの都市国家間での争いは絶え間なく起こった。例えばフィレンツェ共和国にとっては、ミラノも、ピサも、シエナも「外国」であり、それらの「外国」としばしば干戈を交えたことは、ウッチェロの《戦争》三部作などに描き出されている通りである。だがそれらの戦争は、いずれも半島内でのいわば「コップの中の嵐」であり、「外国」とは言え、よく知っている相手に対するものばかりであった。それに対して、アルプスを越えて突如やって来たシャルル八世の軍隊は、文字通りの「外敵」であり、当時のイタリア人たちにとっては、不意に降って湧いたような相手だったのである。

それに、この相手は、内容から言ってもそれまでのイタリア人の常識を越えるものであった。若いシャルル八世が率いていたのは、ブルターニュの弓兵、ノルマンディの農民歩兵、ガスコーニュの槍騎兵、スイスの傭兵などの混成軍であったが、それは曲りなりにもフランスという統一国家の軍隊であった。当時のイタリアの諸国家は、このような意味での「国家の軍隊」というものを知らない。フィレンツェ共和国には、農民はもとより、商人、銀行家、職人、学者、法律家、政治家、宗教家など、あらゆる職業の人びとがいたが、ただひとつ、軍人という職業だけはなかった。フィレンツェの人びとは、戦争というものは、自分たちがやるのではなく、金でやとった傭兵がやるものと心得ていた。事実、一五世紀末までのイタリア半島内での戦争は、ほとんどが傭兵同士の戦争であった。時には、ミラノのスフォルツァ家のように、傭兵隊長からのし上がって君主になり、強力な軍事国家を作り上げる場合もあるが、その場合にしても、戦争のやり方は傭兵隊時代のものである。シャルル八世のフランス軍に接するまで、イタリアの人びとは、本当の意味での国家間の戦争というものを知らなかったと言っていい。戦争の時、もっぱら人びとが頭を痛めたのは、傭兵隊に払う戦費をいかにして調達するかということであった。あるいは、いかにしてそれほど金を無駄にせずに、事態を有利に展開させるかということであった。この時代のイタリアにおいて、実地の戦争の技術がそれほど発達せず、逆に経済活動も含めた外交術が驚くほど発達したのも、そのためである。

それというのも、傭兵とは、本来完全には信用できないものだからである。当時の多くの傭兵隊長がすべて金だけで動いたとは言わないが、少なくとも死を賭して争うという気概に乏しいことは否定できない。実際、戦場で部下を死なせることは、傭兵隊長にとっては大きな損失であった。勝ったにせよ負けたにせよ、その戦争が終れば当然彼はお払い箱になる。その時には、部下もろとも、新しい「就職口」を探しに行かなければならない。当然、最後の一兵まで戦うというようなことは、誰も考えていない。傭った方でも、むろんそこまでは期待していない。

勢い、当時の戦争は、戦争というよりもむしろお祭に近いものとなった。お祭というのが言い過ぎなら、軍事パレードである。できるだけ派手に、華やかに戦闘場面を演出して、しかもなるべく実際の損害を少なくするというのが、傭兵隊長の腕であった。つまり、当時のイタリア人たちは、真の意味での「実戦」の経験はほとんどなかったと言える。

このような「軍隊」で本当の戦争ができるわけはない。フランス軍にしても、むろん近代的に組織された軍隊とは言い難いが、それでも「実戦」の経験は豊富であり、ともかくも国王の軍隊として組織されていた。「戦争」についての考え方がまるで違う上に、勇猛果敢でもある。それは、イタリアの人びとにとって、まったく知らない「軍隊」であった。まるで、源平合戦の最中にナポレオンの騎兵隊がなだれこんで来たようなものであったろう。当然イタリア人たちは、およそフランス軍の敵ではなかった。この場合、もし多少ともフランス軍に抵抗し得た国があったとすれば、それはミラノ公国であったが、しかし、ミラノのロドヴィコ・イル・モロは、この時は最初からフランス側と気脈を通じていた。と言うよりも、むしろミラノのロドヴィコがシャルル八世をそそのかしてイタリアへ引き入れたのである。したがってシャルル八世の軍隊は、ほとんど戦争らしい戦争もせずに、あっという間にナポリまで南下してしまった。それは、侵攻と言うよりも、旅行と言うのに近かったかもしれない。

もっとも、帰りはそれほど楽ではなかった。シャルル八世がナポリに座りこんで派手な宴会を繰り返している間に、それまでナポリの宗主国であったアラゴン王国のフェルディナンドをはじめ、スペインのボルジア家出身の教皇アレクサンデル六世、ミラノと並んで強力な軍事力を誇っていたヴェネツィア共和国、オーストリア大公のマクシミリアン、それに最初はフランス側であったミラノのロドヴィコまでが加わって、大がかりな反フランス同盟が結成されたからである。それに、国許の若い王妃アンヌ・ド・ブルターニュからは、帰国をうながす切々たる手紙が送られて来た。イタリア半島内で強力な敵に包囲されるという恐れと、望郷の念とが、若い国王をせき立てたらしい。一四九五年四月二五日、シャルル八世は、当初の目的であったナポリ国王としての戴冠の儀式をすませると、六日後には、急きょ帰国の途についた。帰りは、往路ほど簡単ではなかった。途中、イタリア軍に囲まれた別働隊のオルレアン公ルイ（後のルイ一二世）を救うために時日を費したりしながら、シャルル八世がようやくリヨンで王妃アンヌと会うことができたのは、ナポリ出発後半年以上も経った一一月七日のことであった。

ヴィーナス女神の戯れの結果……

しかし、シャルル八世の慌しい出発をもたらしたものは、王妃への愛情と政治的判断だけではなかった、というのが多くの歴史家たちの見方である。実は、フランス軍のナポリ滞在中、シャルル八世を脅かすもうひとつの重要な事態が発生した。フランス軍将兵のあいだに、正体不明の奇病が蔓延し出したのである。最初はそれは、患部に硬い小さなぐりぐりができる程度であったが、やがて全身が発疹で覆われるに及んで、人びとは強い不安を感ずるようになった。そのうち、身内に激しい痛みを覚えるようになり、眼が見えなくなったり、耳が聞こえなくなったりする者が出て来た。発疹は拡がって大きくなり、人びとは身体が次第に腐って溶けて行くという恐怖に襲われた。眼が見えなくなった者は、自分の身体が無惨に腐って行くのを見ずにすんだだけ、まだしも幸せであった、とまで伝えられている。これが、ヨーロッパの歴史においで、梅毒がはっきりしたかたちで登場して来る最初である。

梅毒の伝播のための条件は、あまりにも整い過ぎていたと言うべきであったろう。もともと中世の人びとは、一般的に性について今日ほど厳しい考えを持っていない。その上、フランス軍は、貴族も兵士たちもその道の強者揃いで、規律ははなはだしく乱れていた。何よりも国王シャルル八世自身が、若いにもかかわらず、その点では誰にもひけを取らなかった。それに、フランス軍を迎えたイタリア側の方でも、武力ではとてもかなわないと思ったのか、積極的にフランス軍を懐柔する政策をとった形跡がある。

そもそも、ナポリ侵攻を決意したシャルル八世がアンボワーズの城を出発してリヨンまでやって来た時、いち早くこの知らせを受けたナポリ側では、シャルル八世に進撃を思いとどまらせるため、あるいは少なくともその出発を遅らせるため、身分は低いが驚くほどの美女で、「ヴィーナス女神の戯れに巧みで経験も豊かな」娘をフランス国王の許に差し向けた、とヴェネツィアのある年代記作者は伝えている。事実このナポリ側の作戦は、一時見事に成功し、シャルル八世は、王妃アンヌを同行していたにもかかわらず、このナポリ娘に夢中になって、戦争のことなどまったく忘れたかのように見えた。彼が重い腰をあげてリヨンを発ったのは、半島内での勢力均衡のためにはフランスの後楯が必要だと考えていたミラノ公ロドヴィコが、わざわざ大使を派遣して強硬に出陣を迫ったからである。

このような国王に率いられた軍隊が、ほとんど戦争らしい戦争もせずにナポリまで一気にやって来て長いこと滞在したのであるから、軍紀が乱れたのも当然であったと言えるかもしれない。「フランス人たちは、ヴィーナス神の罪の行為のことしか考えなかった。彼らは、誰に気兼ねすることもなく、女たちを力ずくで奪っていった……」と、同じ年代記作者サヌードは述べている。

事実、ナポリに滞在している間中、シャルル八世は、新しく得た寵姫たちのために、絶えず華やかな宴会を催すのに忙しかった。そのうちのひとつ、レオノーラという娘のために催された饗宴について、つぎのようなことが伝えられている。

饗宴は、暖い南国の空気のなかで、月の光の下で夜の一〇時から始まった。招かれた貴族、騎士たちは二〇〇人に及び、強い香料をきかせた豪奢な料理が、金の皿に載せて運ばれて来た。給仕するのは、すべて美しいナポリ娘たちで、彼女たちはいずれもベルトの所まで裂け目のついた衣裳をまとって、歩くたびに大胆にその衣裳をひるがえして見せた。それのみならず、宴席に連なっている人びとは、男も女も、皆胸をあらわに見せていた……。

つまり、今日流に言うなら、トップレスの野外パーティというところであろう。そして、食事が終った後では、この放恣な饗宴にふさわしく、給仕人たちも加わって人びとは、思い思いのやり方で「ヴィーナス女神の戯れ」に夜を過したという。

もちろん、この種の話には、誇張や創作もまじっているに違いないが、それにしても、シャルル八世のナポリ滞在が、少なくとも最初のうちはきわめて気楽な、そして放縦なものであったことは否定できないようである。このような状態が、梅毒の伝播にとって好条件であったことは、言うまでもない。もっとも、当時においては、恐ろしい奇病蔓延の原因が連日のこの饗宴にあるということは、国王も、国王付きの医師も、ナポリ娘たちも、誰一人としてまだ知らない。

ともあれ、恐ろしい病毒を抱えたフランス軍は、北に向って進んで行った。まるで時限爆弾を抱えているようなものである。事実、彼らがフランスに帰りついてから間もなく、ヨーロッパ中に梅毒禍が拡がることになる。そのため、この病気は、ドイツでは「フランス病」、イギリスでは「フランス疱瘡」と呼ばれた。それればかりではない。イタリア半島内でも、それは「フランス病」であった。

イタリアで出されている通俗歴史書を読むと、たいていの場合、突如として襲って来たシャルル八世の軍隊が、半島内を散々荒らし廻った後に、唯一の置土産として残して行ったのがこの「フランス病」だと書かれている。そのため、この病毒がアルプスを越えてフランスからもたらされたものだと信じているイタリア人たちが、今日でも少なくない。

しかし、フランス側から言わせれば、実は彼らの方こそ被害者である。シャルル八世のナポリ滞在が災いのもとだから、フランスではそれは「ナポリ病」と呼ばれた。現在でもなお、フランス語に、「山を越えずにナポリに行く」という言い廻しがある。山というのはむろんアルプスのことで、梅毒にかかったという意味である。つまり、一五世紀の末から突然猛威を振い出したこの病魔を、イタリア人たちはフランスのせいにし、フランス人たちはイタリアの責任にしているのである。

そのほかに、ロシアでは「ポーランド病」と呼んでいるという。こればかりは、どこの国でも、自国が本場だと自慢することはないであろうから、こういう呼び名の生まれて来た心理的背景は充分理解できるが、それでは、実際にはどうだったのだろうか。

その起源についての諸説

フランスの『ラルース大百科事典』（一九三三年版）は、「ナポリ病」のことを、「梅毒の古い呼び名で、シャルル八世の外征の後、ナポリからもち帰ったとフランス人たちが主張しているもの」と説明している。一方、『イタリアーナ大百科事典』（一九三六年版）には、「梅毒はさまざまの名で呼ばれたが、それらはしばしば、発生地と想定された土地に由来している。たとえばイタリア人たちはそれをフランス病と呼び、フランス人たちはナポリ病と呼んだ」とあって、いずれも、それらの呼び名が正当であるかどうかについては、慎重に判定を避けている。しかし両者とも、もともとアメリカにあったものが、コロンブスの船員たちによってヨーロッパにもたらされたものであろうという点では一致している。ついでに、平凡社の『世界大百科事

典』(一九七八年版)を見てみると、

「梅毒の起源に関して従来異なる二説があった。すなわち太古存在説とアメリカ伝来説とである。……今日ではもっぱらアメリカ伝来説が信じられている。すなわち梅毒はもと西インド諸島の風土病であったものが、一四九二年コロンブスのアメリカ発見に際してその遠征隊員がヨーロッパに移入、漸次に広がったが、一四九四年フランス王シャルル八世のイタリア侵入を機として大流行し、たちまち全ヨーロッパに広がったといわれる」

とあるから、これがほぼ一般的な通説と言ってよいであろう。

もっとも、『ブリタニカ大百科事典』(一九六八年の英語版)では、中世の癩病のある種のものが実は梅毒であったという説が戦後再び有力となって、「今日ではほとんどの梅毒学者が、コロンブスの遠征起源説を受け入れてはいない」と述べられている。この辺のところは、どちらが正しいか私には判定の仕様がないが、もしコロンブス以前にもあったとすれば、それはごく限られた特殊な地域においてであったに違いない。そうでなければ、あれだけ感染力の強い病気が、一五世紀末になってはじめて大流行するという事態が理解できないからである。そして当時、この新しい病気が従来の「癩病」とは別のものとして受け取られたことは、「フランス病」にせよ「ナポリ病」にせよ、それに新しい名前が与えられたことからも明らかである。

医学的なことはよくわからないが、もしアメリカから伝来したものだとすると、歴史的状況にもよく合うということは言える。コロンブスが新大陸を発見するのは一四九二年、スペインに戻って来るのは、翌年の三月のことである。ちょうどシャルル八世が外征に出発する一年半ほど前である。この病毒が、もし最初にスペインの港に上陸したとすれば、それがナポリに飛火するのは、単に時間の問題であったろう。当時ナポリは、半島内で一、二を争う貿易港であったばかりでなく、すでに述べた通り、スペインの支配下にあって、イベリア半島との関係はことのほか密接だったからである。つまりフランス軍の侵入に先立って、ナポリの港の水夫や女たちの間に、すでに火種が充分にあったと見ていい。その火種は、そうでなくても次第に拡まって行ったに違いないが、たまたまそこに、油紙のように燃え上がり易いフランス人たちが大挙して押し寄せて来たのである。しかもそのフランス人たちは、ナポリにとどまってはいなかった。病毒を抱いたまま、再びアルプスを越えて、北の諸国へ散って行った。この時期に、燎原の火のように梅毒が流行したのも当然であったろう。

もっとも、そのようなことが言えるのは、今日の時点から振り返って見ての話である。当時の人びとは、病気の原因も、感染経路も、正確なことは何も知らなかった。ただ何だかよく正体のわからない奇病だと人びとが驚いているうちに、たちまちヨーロッパ全土に拡まってしまったのである。

何しろ梅毒の感染力は強い。日本においても、すでに永正九年（一五一二年）にその記録が見えるという。コロンブスのアメリカ発見からわずか二〇年後のことである。マジェランの世界一周もまだ行なわれていないうちに、梅毒の方は、東廻りに地球を半周して、さっさと極東の日本にまでやって来てしまった。

この新しい病毒に最も悩まされたのは、患者のつぎには、医者たちであった。彼らは、役目上何とか手を打たなければならないし、その原因も究明しなければならない。シャルル八世の軍隊の間では、人肉を試食した者がいるからその祟《たた》りであるとか、鼻疽《びそ》にかかった牝馬と交わった者から病毒が拡まったなどという説が、まことしやかに囁かれた。一四八四年にさそり座で火星と木星が出会うという不吉な星廻りがあったから、その影響だという説もかなり広く信じられた。感染経路については、男女の交わりが関係あるらしいということは早くから漠然と気づかれていたようであるが、大司教とか枢機卿などまでが病毒に冒されるという事態が生じて来ると、そうとばかりも言っていられなくなった。そのため、梅毒は空気によって伝染するということが、長い間語り伝えられたのである。

前記の『イタリアーナ大百科事典』によると、文献上その最初の記述が見られるのは、一四九五年六月、ニコラ・シラツィオというイタリア人がバルセロナから送った手紙においてであるという。これは、シャルル八世がまだフランスに帰り着く前だから、かなり早い。面白いのは、前章で紹介したルカ・ランドゥッチの『日記』にもその記述が出て来ることで、すでに一四九六年の項に見られるから、これも早い方の文献と言えるだろう。すなわち、一四九六年五月二八日の項に、つぎのような文章がある。

「当地で、ある種の病気の訴えが拡まり始めた。それは〈フランス疱瘡〉と呼ばれ、疱瘡に似ている。それは次第に増加する傾向を見せているが、それに対して、いかなる治療法も見出されてはいない」

続いて、同じ年の七月八日の『日記』にも、同様の言及がある。

「この頃、〈フランス痘瘡〉と呼ばれる病気が増え出した。町は今やその病人で満ち満ちている。ほとんどの患者が、成人の男か女である」

ランドゥッチは、例によって冷静に事実だけを書きつらねている。しかし、その事実の持つ奇妙さは、彼自身充分に気づいていた筈である。『日記』には、これ以前にも以後にも、しばしば「疫病」の流行のことが記されており、時には犠牲者が何人という数字まで書かれている。そして普通の「疫病」の場合は、犠牲者は、まず老人か子供であった。「ほとんどの患者が、成人の男か女」という事実は、彼自身が薬種商であっただけに、記録するに足る特異なことと思われたに違いない。

なお、現在では梅毒は、ヨーロッパ語では、英、仏で「シフィリス」、イタリア語で「シフィリデ」と同じ言葉に統一されているが、これは、一五三〇年、ヴェローナの医学者ジロラモ・フラカストロ（一四七八―一五五三）が、『シフィリス、あるいはフランス病』という医術論詩において、お互いに隣国の名を病名に冠する愚をやめて、中立的な名称を使うよう提唱したからであるという。このことは、土肥慶蔵博士の『世界黴毒《ばいどく》史』（大正一〇年刊）に詳しいというが、私は、この本に触れた小川鼎三博士の文章（季刊誌『CREATA』三二号、日本メルク萬有刊）で知った。ついでながら、小川博士も、梅毒のアメリカ起源説に賛同しておられる。

4 マルスの休息

i

英雄豪傑の時代

シャルル八世のイタリア遠征の話が出たついでに、当時の戦争のことについて、もう少し書いてみたい。たとえばブルクハルトが強調しているように、ルネッサンス時代のイタリアには、優れた力量の多くの武人が輩出した。パドヴァのサンタントニオ聖堂前の広場に聳《そび》え立つドナテロの《ガッタメラータ騎馬像》や、ヴェネツィアのサンティ・ジョヴァンニ・エ・パオロ聖堂前のヴェロッキオの《コレオーニ騎馬像》などは、その雄弁な例証である。ペルージアのある年代記は、この町の支配権を争った二つの家族の長い闘争において、満身に二〇ヵ所以上の傷を受けながら獅子奮迅の働きを見せた若者のことを、深い讃美の念をこめて書き残している。あるいは、ウルビノのフェデリゴ・ダ・モンテフェルトロや、ミラノのフランチェスコ・スフォルツァのように、傭兵隊長から身を起こして一国の君主にまでのし上がった武人に対する称讃の記録を思い出すのも、それほど困難なことではない。

これら芸術上、文献上に登場する武人の姿は、むろん多くの点で理想化されたものではあるだろうが、少なくとも、戦争を職業とする人間が、その専門の特技において優れた能力を示した場合、人びとの高い評価と尊敬を受けるものであったことを物語っている。そして、どんな時代においても社会から高い評価を受ける職業に多くの優れた人材が集まるのは、歴史の一般的通則である。われわれは、この時代のイタリアに、多くの優れた武人がいなかったと想定するわけにはいかない。

皮肉なことに、その点では同時代のフランスは、軍事上の英雄について、はるかに貧しい思い出しか残していない。何しろ総大将のシャルル八世自身が、武技よりも「ヴィーナス女神の戯れ」にはるかに強い関心を示すような性格であった。われわれはこの時代のフランスに、ドナテロやヴェロッキオの騎馬像に匹敵するモニュメントを、ただの一点も思い浮かべることはできない。

とすれば、いかに不意をつかれたとはいえ、イタリア半島内の「諸国」が、なぜあんなにも易々とフランス軍の侵攻を許したのだろうかという疑問が、当然起こって来るであろう。

その疑問は、ある点で、大坂夏の陣冬の陣の講談本を読んだ時に起こる疑問に似ている、と言えるかもしれない。当時大坂方には、智将真田幸村をはじめ、塙《ばん》団右衛門、後藤又兵衛など、天下の豪傑がそれこそ雲の如く集まっていた筈である。それに対して、徳川方にどんな豪傑がいたか、ほとんど思い出すこともできない。

もちろん講談は歴史ではないし、猿飛佐助や霧隠才蔵は、立川文庫にしか出て来ないかもしれない。しかし当時実際に大坂方に、多くの一匹狼のような浪人者が集まったことは事実である。そして彼らが、それなりの働きをしたこともたしかであろう。それにもかかわらず、大坂方は敗れたのである。講談では、それは、狸親爺の家康の謀略と、その謀略に乗っかった秀頼側近の愚かさのせいだとしている。つまり、戦場以外の場で敗れたというわけである。だが、いかに謀略によって濠が埋められたにしても、もしほんとうに豪傑たちがいるなら、攻めて来た敵を蹴散らしてしまえばよいではないかと、子供の頃、私は何とも割り切れぬ思いを抱いたものである。

事実は、大坂方は、政治的に敗れたのみならず、軍事的にも負けたのである。それは、実際の戦争は、一人や二人の豪傑が闘うものではないからである。一四九四年のイタリアの悲劇も、根本的には、戦争に対する考え方の違いに由来すると言ってもよい。イタリアは、個人の力量に対する尊敬の念が強いだけに、二〇〇年以上にわたって、戦争も個人の力を発揮する場所だという思想を育てて来た。自分の勇猛振りをいかに派手に人びとに印象づけるかということが、戦場での最大の関心事であった。これでは、ほんとうの戦争はできない。少々皮肉に言えば、立派な騎馬像を作ったり、年代記のなかで称讃するという尚武の気風が、イタリアの敗北をもたらしたとも言えるのである。

この思想、ないしは気風が、いかに根強いものであったかということは、フランス軍の侵攻という苦い経験を舐めた後でもなお、理想的な武人の姿を、バルダッサーレ・カスティリオーネがつぎのように描いていることからも、明らかであろう。

「……廷臣が剣戟の争いや、攻撃や、地上での戦闘や、その他似たような試練の場にある時は、彼は、大勢の群がっているところから賢明に身を引き離して、自己の成すべき晴れの、大胆な行動を、でき得るかぎり少ない仲間といっしょにするよう、うまく立ち廻るべきである。それも、自己の陣営で最も高い尊敬を集めている貴人の見えるところで、そして特に、自分の仕えている国王や領主のいるところで、（そしてもしできるなら）そのすぐ眼の前でそれをするように心掛けるべきである。なぜならば、見事になされた行為というものは、誇示するのにふさわしいものだからである……」

これは、『廷臣論』のなかで、フェデリコ・フレゴーソが語ったことになっているのだが、このような考え方がかなり一般的であったことは、ルイジ・ダ・ポルトがその手紙のなかで、千人と千人が闘う戦争よりも百人と百人が闘う戦争の方が称讃に値する、と述べている事実によっても裏付けられよう。ダ・ポルトの主張するところによると、少数同士の戦争においては、各人の力量がはっきりと誰の眼にも明らかとなるからであり、したがって、大人数の戦場では、逆に戦功は目立たないから、誰も一所懸命危険を賭して闘おうとはしないというのである。これでは、ポリツィアーノが美しい言葉で歌い上げた騎馬試合のような場合ならいざ知らず、ほんとうの戦争に勝てたら不思議というものであろう。

もっとも、シャルル八世の軍隊がやって来るまでのイタリアにおいては、それでも結構戦争と呼ばれるものがあって、お互いに勝ったり負けたりすることが行なわれて来た。相手も同じような考えだから、お互いさまなのである。この「思想」は、イタリア戦役のあいだでも生き続け、一五〇三年のバルレッタでの会戦では、イタリア側とフランス側とが、それぞれ一三人ずつ代表騎士を出しあって勝負を決めるということまで実際に行なわれた。こうなると、戦争というよりもオリンピック競技に近いと言うべきであろう。私が前に、当時のイタリアでの戦争は軍事パレードに過ぎないと言ったのは、その意味においてである。

アンギアリの戦いの実例

驚くべき実例をひとつだけあげよう。

一四四〇年六月二九日、ボルゴ・サン・セポルクロの近くのアンギアリにおいて、ミラノ公フィリッポ・マリア・ヴィスコンティの軍隊と、フィレンツェ共和国の軍隊との間に、有名な大会戦が行なわれた。もっとも、実際に闘ったのは、どちらの側も傭兵隊である。この戦いは、フィレンツェにとってはミラノ戦役における記念すべき事件で、後にレオナルドが、パラッツォ・ヴェッキオ（フィレンツェ政庁舎）の大会議室の壁にその模様を描くよう命じられたことは、広く知られている。ただし、レオナルドのこの壁画は遂に完成されず、今日では、そのための下絵デッサンやそのまたコピーを通じてわれわれに伝えられているに過ぎない。ともかく、フィレンツェにとっては、歴史に残る戦いであった。

当時フィレンツェは、教皇庁と結んでミラノに対抗していた。ミラノは、ニッコロ・ピッチニーノという傭兵隊長を雇って、これに当らせた。このピッチニーノという男は、もともとペルージアの肉屋の伜《せがれ》で、背は人並みよりも小さく（ピッチニーノというのは「小男」の意味である）、その上、片足が悪かった。そのため、甲冑をつけることができず、戦場にあっても、つねに防具なしで戦った。しかし、きわめて激しい性格で、最初の妻が不義を犯したらしいと聞かされると、ただちに殺してしまったほどである。そのような彼が、自分の最も得意とする戦争を生活の手段としたことは当然であったかもしれない。機略縦横、戦さも強く、剣一筋に生きて、招かれればどこにでも出向いて自己の武技を売るという、当時の典型的な傭兵隊長の一人である。かつては、フィレンツェ共和国に雇われていたこともあったが、その頃、ファエンツァを攻めて敗れ、捕虜の身となった。その時の行動は、傭兵隊長として見事と言うほかはない。彼は巧みな弁舌でファエンツァの領主とその母公の心をすっかり捕え、ファエンツァをフィレンツェの同盟軍に引き入れることに成功したのである。もちろん、彼自身ただちに釈放された。このようにして、雇主のフィレンツェに一応義理を立てると、驚いたことに、フィレンツェには戻らず、そのままフィレンツェの宿敵であるミラノに走った。ヴィスコンティの方が支払いが良いというのがその理由である。それ以来、今度はフィレンツェと教皇庁を相手に戦いを続けることになったのである。

ローマも、このピッチニーノには、随分苦杯を舐めさせられている。ミラノは、このピッチニーノのほかに、後にミラノ公国を手に入れることになるもう一人の傭兵隊長フランチェスコ・スフォルツァも雇っていた。この二人の傭兵隊長は仲が悪い。そのことは天下に知れている。ピッチニーノはその事実を利用して、自分はスフォルツァと協力する気はないから、もし自分の軍隊を養うだけの金を支払ってくれるなら、ローマ側につこうと教皇庁に持ちかけた。教皇庁はこの甘言にころりとだまされて、五、〇〇〇ドゥカーティを与えた。その直後、ピッチニーノは兵を率いて教皇領のラヴェンナを攻めた。続いてボローニャ、イーモラ、フォルリと、立て続けに教皇直轄の地を攻め落している。当時二〇ばかりあったロマーニャ地方の教皇領の城塞のうち、ピッチニーノの攻撃を支えることができたものは、ただのひとつもなかったと伝えられている。

彼がフランチェスコ・スフォルツァと仲が悪かったことは事実である。両者が兵を交えたことも何度かある。一度は、ブレシャの近くで戦い、この時はピッチニーノが敗れた。彼の部下は全部逃げ去り、彼は、ドイツ人の下僕ただ一人とともに、敵陣の真只中に取り残された。幸い夜になって一息つけたが、夜が明ければたちまち見つけられることは必定である。ピッチニーノは一計を案じ、農家の使う大きな麻袋に身をひそませ、下僕にかつがせて、悠々敵地を脱出した。当時は、戦闘の後で掠奪が行なわれるのは普通のことであったから、敵方の兵士たちも、大荷物をかついだ下僕を仲間の一人と考えて、誰も怪しまなかったのである。アンギアリでフィレンツェ軍と対したピッチニーノとは、そういう男であった。

一方、フィレンツェ側の傭兵隊を指揮していたのは、ピエトロジャンパウロ・オルシーノであった。この時、一般の情勢はミラノ側に不利であった。ピッチニーノがトスカナで暴れている間に、ヴェネツィアの軍勢がロンバルディアを侵しはじめたからである。ミラノは、早速ピッチニーノにロンバルディアに戻るよう命じた。この事情は、もちろんフィレンツェ側にはすっかり知られていた。いずれほっておいてもピッチニーノは引き上げるだろうから、敢て兵を動かすなという命令を、オルシーノはフィレンツェ本国から受けている。普通ならここでミラノ軍は戦略的撤退をして、フィレンツェ軍は戦わずして勝利を得る筈であった。だが相手がピ

ルーベンスがレオナルドのデッサンに基づいて描いた《アンギアリの戦い》(部分)

ッチニーノではそうはいかなかった。行きがけならぬ帰りがけの駄賃に、油断しているフィレンツェ軍に一泡吹かせようとピッチニーノは考えた。もちろんそれには、現実的な計算も加わっていた。傭兵隊というのは、当然雇主から賃金を支払われるが、それだけでは充分でない。兵士たちにとっては、戦場での掠奪が大きな報酬であった。敵の武器や馬などはもちろんのこと、うまくいって捕虜をつかまえれば、それによって身代金をせしめることができる。兵士たちのその慾望を満足させるため、傭兵隊長は時に無用の戦さもしなければならない。ただしそれは、必ず勝つ戦いでなければならなかった。

フィレンツェ側の油断につけこもうとしたピッチニーノは、手勢の精鋭二千を率いて、夜陰にまぎれてアンギアリの近くに忍び寄った。まさかと思っていたフィレンツェ軍は大いに狼狽し、最初のうちは大混乱であった。ただ幸いにも、比較的早く敵の奇襲に気づくことができたので、何とか持ちこたえることができた。そして、年代記作者の伝える歴史的な死闘が始まったのである。

それは、延々四時間も続いたという。アンギアリの近くには小さな河が流れており、その上にかかっている橋をどちらが制覇するかが勝敗の分れ目であった。どんなに大勢の精鋭を揃えていても、一度に橋を渡ることのできる人数はかぎられている。橋を渡り終えたところでやられてしまえばそれまでである。そこでミラノ側では、何とかして橋の出口を確保し、つぎつぎと新手の兵を送りこむことが作戦の主眼となった。フィレンツェ軍はもちろんそれをはばもうとする。しばしば両軍が橋の上で押しつ押されつしながら、凄絶な死闘が続けられた、と伝えられている。

ところが、そこが当時の戦争ののどかさである。槍、剣、石弓などの武器を使って、双方合

＊二〇一二年一二月、ローマの大統領官邸において、かつてローマのドーリア家所蔵であった板絵《アンギアリの戦い》（油彩、テンペラ）が公開された。図柄はルーベンスの模写作品とほぼ同じ構図の「軍旗争奪」の場面で、その後ウフィツィ美術館をはじめいくつかの美術館で展示されている。作者については、レオナルド自身の手になる壁画下絵という意見もあるようだが、現在のところ「レオナルドに基づく」一六世紀の模写とされている。二〇一五年に日本でも公開された。

わせて数千に上る軍隊が四時間ものあいだ激闘を続けたら、屍山血河を築く状況になるだろうと考えるのが普通である。だが、その延々四時間の「激闘」も、実は壮大な軍事パレードにほかならなかった。少なくとも、一六世紀初頭のある歴史家は、結局はフィレンツェ側の勝利に終ったこの戦闘の模様を詳細に述べた後、負けたミラノ側の軍隊といえども、実際の人的損害はほとんどなかったとして、つぎのように語っている。

「いかなる時代においても、敵地に攻め入って行なわれる戦争が、攻撃側にとってこんなにも危険の少ないものであることは、かつてなかった。これほどまで完璧な敗走において、まるまる四時間も続いたこんなにも激しい戦闘の最中で、殺された者と言えば、わずか一人しかいなかった。その者も、身に受けた手傷によってとか、敵の鋭い一撃によって命を失ったのではなく、馬から落ちたため、疾駆する多くの馬の蹄に踏みしだかれて死んだのである。当時の戦闘というものは、まったく何の危険もないものであった。人はつねに馬に乗り、甲冑に包まれて闘い、降服して捕虜になった時は、必ず生命は保証された。それゆえ人は、闘っている時は武具によって守られ、もはや闘えなくなった時は降服することによって、つねに死から免れていたのである……」

――『フィレンツェ史』第五巻三三章

新しい戦争観

上記の文章を書いたのは、ニッコロ・マキアヴェッリである。もちろん、このアンギアリの戦いの時には、彼はまだ生まれていない。直接現場に立ち会ったわけではないから、彼の言うことがどこまで信用できるかという疑問は残るであろう。いくら傭兵隊同士の戦闘だと言っても、「戦死者」が馬に踏み殺された者一人というのはいささか誇張であるように思われる。現に他の記録、たとえばトマシーニやヴィラーリの年代記では、数百人もの死者があったと述べられている。しかし、年代記作者は、戦闘の激しさを強調するため、逆に数字を誇張することがしばしばあるから、これも必ずしも額面通りに信ずるわけにはいかない。ただわれわれにとって興味深いのは、事実かどうかは別として、マキアヴェッリがアンギアリの戦いを見るその眼である。

昔のこととは言っても、一四四〇年は、『フィレンツェ史』執筆の時期から振り返って、一世紀と離れてはいない。ちょうど現代のわれわれにとって、日清戦争ぐらいの昔である。その比較的近い過去のことを語りながら、彼の「眼」は、年代記作者たちのそれとは明らかに違っている。年代記作者たちは、アンギアリの戦いがいかに凄絶な戦闘であったかということを強調しようとしているのに対し、マキアヴェッリははっきりと、あんなものは実は「戦争」ではないと言っているのである。それはもはや、実際に死者が何人いたかというような事実確認の問題ではなく、「戦争」というものについての考え方の違いを示すものであろう。逆に言えば、マキアヴェリは、年代記作者たちとはまったく違った戦争観を持っていたということになる。つまり、わずか一世紀足らずのあいだに、半島内において、「戦争」は大きく変ったのである。

その変化をもたらしたものが、言うまでもなく一四九四年の苦い体験である。事実、二五歳の若いマキアヴェリにとって、その体験は決定的なものであった。それは、その後の彼の思想の中核をなすものであったと言ってもよい。もちろんこの体験は、彼ほど鋭い洞察力を持たなかった他の人びとにとっても大きな衝撃であった。単に戦争に敗れたということだけではなく、戦争が、従来とはまったく異なった相貌で人びとの前に現われて来たのである。マキアヴェリのみならず、多くの人びとが、一四九四年を歴史の上におけるひとつの決定的な転換期だと感じたのも、少しも不思議ではない。

たとえば、パオロ・ジョヴィオは、『同時代史』のなかで、つぎのようないささか大袈裟とも思われる観察を述べている。

「聖母が御子をお生みになってから一四九四年目のこの年は、アウグストゥス以来どのような時代も知らなかったようなきわめて喜ばしい平和を全世界にもたらしつつ幕を開けた。だが、当初は繁栄に満ちた堅固なものとしてすべての人びとを世界の平穏に対する良き望みで満たしたこの平和は、突如あらゆるところで砕け散って、きわめて残酷な、長い長い戦争がそれにとって代った……」

ひとつの時代が終って、別の時代が始まったという意識が、これほどまで明確に人びとの心の中にしみ透っていったというのは、歴史の上でもそうしばしばあることではない。それも、わずか一年の間にである。平和と繁栄の一五世紀と、戦争と災禍の一六世紀というこのような見方が、現実とどの程度まで対応していたかは別として、一六世紀の最初の三分の一の時期に人びとの心をしっかりと捉えて離さなかったことは、否定すべくもない。そしてそれがシャルル八世の侵攻という軍事的事件によって惹き起こされたものであることを知る時、われわれは逆に、一五世紀末までの半島内での「戦争」が、今日われわれの考える戦争といかに違っていたかということを想像することができるのである。

ii

イタリア戦役とマキアヴェリ

古来、戦争が人間の生活に大きな影響を及ぼしたことは、改めて指摘するまでもないが、その影響は、単に物質的、ないしは技術的な面にかぎられるのではない。戦争は、精神的にも、つまり人間の意識なり、ものの考え方の上にも、時として大きな作用を及ぼす。現に、一億人もの人びとの意識が敗戦の衝撃によって一夜にして変わるということを、われわれは三十数年前に体験した。少なくとも、戦前と戦後の日本人のものの考え方や価値観の変化は、八月一五日がなければ起こり得なかったであろう。良かれ悪しかれ、それが戦争というものの効用である。

時には、戦争が直接個人の精神に深く働きかけて、偉大な思想を生み出させることがある。歴史の上でその代表的事例を求めるなら、マキアヴェリの場合がそれにあたるであろう。事実、シャルル八世の侵攻がなかったなら、われわれは『君主論』の著者を持たなかったかもしれないのである。

マキアヴェリが残した主要な著作は、詩や戯曲のような文芸作品を別とすれば、『君主論』『ローマ史論』（正式には『ティトゥス＝リヴィウス初篇十巻論議』）『戦争論』『フィレンツェ史』の四つである。そのうち、『君主論』の約六分の一、『ローマ史論』の約五分の一は、軍事に関する記述である。『戦争論』は言うまでもなく一〇〇パーセント戦争のことを論じているから、彼の理論的著作全体のほぼ半分は、戦争論議だということになる。『フィレンツェ史』の方はもともと「歴史」であるから、実際に起こった戦争についての記述があるのは当然だが、ところどころに一般的な議論があって、その多くがまた戦争ないしは軍隊に関するものである。この『フィレンツェ史』は全部で八巻から成っているが、そのうち、第一巻、第二巻の最後、および第三、第五、第六巻の冒頭は、戦争についての論述である。たとえば、第一巻の最後の章は「一五世紀中葉におけるイタリアの政治状況」と題されているが、当時の半島内の諸国家の軍事力および軍隊組織の比較が主要内容であり、第六巻の最初の章は、「当時の戦争の空しさについて」と題されている。だいたいこの『フィレンツェ史』では、各巻の最初と最後に一般的考察が述べられているが、マキアヴェリは、歴史のなかから、特に戦争について、あるいは戦争を通して、教訓を抽き出してきているように見える。マキアヴェリという人は、普通には「マキアヴェリズム外交」の元祖のように言われているが、もし外交というものが本来武力以外の手段によって自国の意志を実現するやり方だとすれば、マキアヴェリ自身の関心は、むしろ逆に、もっぱら「武力」に向けられていたと言ってもよい。もっとも、それによって武力の「空しさ」を身にしみて知ったからこそ、何とかして武力を行使しないですませる方法を一所懸命に考えたのだとも言えるかもしれない。

いずれにしても、政治理論家としても歴史家としても、彼は「戦争」に異常なほどの関心を示した。その決定的な機縁となったものが、一四九四年の事件である。とすれば、一六世紀の二〇年代になってから書かれた彼の『フィレンツェ史』が、この事件をどのように扱っているか、われわれとして大いに興味をそそられるところであろう。だが残念なことに、われわれのその関心は、永遠に報いられることはない。『フィレンツェ史』は、一四九二年のロレンツォ・デ・メディチの死で終っているからである。

マキアヴェリが、第九巻以降も書き続ける意志を持っていたことは、そのための断片的なノートが残されていることから、明らかである。そのノートは結局利用されずに終ったわけだが、しかし『フィレンツェ史』全体のなかの随所に挿入されている彼自身の意見や、『フィレンツェ史』以外の著作を通じて、彼がシャルル八世の侵攻をどのように受けとめていたかを推定することは、それほど困難なことではない。しかもそれは、マキアヴェリの思想の根本を理解するために、どうしても必要な手続きである。だが、マキアヴェリその人については、別に稿を改めることにして、ここでは話をイタリア戦役にかぎろう。

戦争様式の変化

マキアヴェリがついに書かなかった部分を引き受けて、いわばその続編にあたるものを書いたのは、マキアヴェリよりも二四歳ほど歳下で、マキアヴェリとも面識のあったフィレンツェの歴史家フランチェスコ・グィッチャルディーニである。もっとも、その『イタリア史』は、必ずしも『フィレンツェ史』の続きを書こうとしたものではない。マキアヴェリがフィレンツェというひとつの都市の歴史を書いたのに対し、グィッチャルディーニは、イタリア全体の歴史を扱っているからである。半島内の諸国家をこのようにひとつの統一体としてまとめた「歴史」として、それは最初のものと言ってよいであろう。ただし、『イタリア史』という題名はあとからつけられたもので、グィッチャルディーニ自身は、それを『イタリアのことども』と呼んでいた。

その『イタリアのことども』のなかに、一五世紀末から始まる外敵の侵入が重要な部分を占めていることは言うまでもない。そのイタリア戦役の記述を行ないながら、彼はしばしば、彼自身が「九四年以前のあの幸福な時代」と呼んだところのものと比較して、戦争形式が決定的に変わってしまったことを嘆いている。たとえば、一五〇四年のスペイン軍のナポリ進駐の際の暴虐ぶりを語りながら、こう述べている。

「軍隊の規律が厳しく保たれていた古代以来ずっと、兵士たちというものはつねに乱暴で民衆にとって重荷になるものであったが、しかしそれにしても、彼らは、あらゆる種類の無軌道に野放図に耽ることはなく、たいていの場合は受け取った給金だけで生活し、その乱暴さも、我慢し得る範囲内にとどまっていた。だが、イタリアにやって来たスペイン人たちは、はじめて、すべて民衆の犠牲の上に自分たちの生活を築こうとした……」

これは、イタリア人たちにとっては、思いもよらない新事態であった。「これこそが、やがて世に拡まる堕落の始まりであった」と、苦々しげにグィッチャルディーニはつけ加えている。「すべて民衆の犠牲の上に自分たちの生活を築こうとした」軍隊がどのような結果をもたらすか、グィッチャルディーニは、カンブレー同盟とヴェネツィア共和国との戦いの記述の後で、次のように語っている。カンブレー同盟というのは、イタリア半島内の混乱に乗じて利益を得ようとしたフランス、スペイン、ドイツ、ハンガリーと、ヴェネツィアに敵対する教皇庁、サヴォア公国、フェラーラなどが結成した軍事同盟である。

「過去一四年間のあいだに、イタリアにおいては多くの戦争と革命が起こったが、それでも、争いはしばしば血を流すことなく収束された。さもない場合でも、生命を失ったのは戦闘に参加した蛮族たちだけで、民衆の方が君主たちより犠牲が大きいということはなかった。だが今や、新しい闘争への扉が開かれ、やがてイタリア全土を覆うようになる一連の恐しい、残虐な事件があいついで起こるようになり、イタリア人自身がそのなかに捲きこまれるようになった。事実、数かぎりない殺戮、掠奪、多くの町や都城の破壊、そして、敵に対してと同じように味方にとっても犠牲の多い軍隊の乱暴行為が、今やイタリア人たちの眼の前に繰り拡げられることになったのである……」

カンブレー同盟の連合軍がアニャデロの戦闘でヴェネツィア軍を破ったのは、一五〇八年のことである。上に引いた文章でグィッチャルディーニが「過去一四年間」と言っているのは、もちろん一四九四年から数えての話である。グィッチャルディーニによれば、シャルル八世の侵攻の時は、まだしもよかったということになる。彼は別の場所では、フランス人たちの「獰猛さ」について語っているから、シャルル八世の軍隊がおとなしかったと言っているわけではないが、フランス軍の意外な成功を見てただちに半島に介入して来たドイツ軍やスペイン軍の残虐さは、もっとひどかったということであろう。事実、ヴェネツィアとの戦いでヴィチェンツァを攻略した時、ドイツ軍は、市民たちの生命を保証するという約束にもかかわらず、はなはだしい残虐行為を行なったので、多くの男たちと、「それ以上に多くの女、子供たち」が町を逃れ、近くの丘陵の洞窟の中に避難した。それを追ったドイツ軍は、洞窟の入口に薪を積み上げて火を放ち、全員を虐殺したという。また、一五一二年にスペイン軍がフィレンツェの近くのプラートを攻撃した時にも同じような乱暴が行なわれて、ステファノ・グィッツァロッティという詩人が『悲しむべきプラート劫掠』という詩を作り、「残酷なスペイン人たちがプラートでキリスト教徒に対して行なったような残忍な仕打ちは、異教徒のトルコ人でさえかつて試みたことがないほどのものであった」と歌ったということを、ロンドン大学のJ・R・ヘイル教授が指摘している。つまり一言で言えば、これらの「外敵」の侵入とともに、イタリア人たちははじめて、本当の戦争の恐しさを体験したということになる。

その「恐しさ」というのは、具体的には、非戦闘員も含めた殲滅戦の恐しさである。一五世紀末までは、イタリア半島内でしばしば「戦争」があったにしても、よほど不運なことがないかぎり、一般民衆の生命や財産がそれによって直接脅かされるということはなかった。もちろん、畑の作物が荒らされたり、時に兵士たちの掠奪の犠牲になったりということはあったが、それは、グィッチャルディーニ風に言えば、「我慢し得る範囲内」のものであった。だがアルプスの北から、あるいはイベリア半島からやって来た「外敵」の前には、財産はもとより、女子供のような非戦闘員の生命も危険に曝された。それが戦争というものだ、と言うなら、サン・ロマーノの戦いやアンギアリの戦いは、マキアヴェリの言うように、「戦争」ではない。

しかしながら、だからと言ってスペイン人やドイツ人たちがイタリア人に比べていっそう残酷だということには必ずしもならない。問題は戦争のやり方の差である。

イタリアにおける主要な戦闘勢力であった傭兵隊というのは、いわばサラリーマンである。給金を貰って、それに見合っただけの軍事パレードを展開して見せればいい。敵を殺しても一文の得にもならないが、捕虜として捕えれば身代金がはいる。お互いにそれがわかっているから、現実にはそれほど血を流さなくてもすむ。しかし、サラリーマンと言っても、戦争のたびごとに期限を決めて契約を交わすのだから、むしろ今日のプロ野球の選手に近いと言った方がよいかもしれない。事実、前の「シーズン」に成績のよかった傭兵隊長は、給金の値上げを交渉することができる。この点から言っても、戦争はスポーツに近いものであったろう。

その上、一般の市民や農民は、傭兵隊にとってはいわばお得意様だから、当然大切にする。うっかりトスカナの農民の怨みを買ったら、つぎの機会にフィレンツェ共和国に「就職」を頼むことができなくなる。もちろん、兵士たちのなかには乱暴者が多いから、小さなトラブルはいろいろあったが、傭兵隊長たる者は厳しく部下の規律を統制した。

それに対して、フランス軍やスペイン軍やドイツ軍は、なかには傭兵もいたが、主力は一応

「国家の軍隊」である。もっとも、当時は今日のような強烈な「国家意識」はまだなかったから、「国王の軍隊」、ないしは「皇帝の軍隊」と言うべきかもしれない。いずれにせよ、単なるサラリーマンではない。ということは、国王や皇帝の側にとっては、ただ給金をやっていればそれですむものではないということを意味する。建前として「国家の軍隊」なら、武器や食糧は「国家」が心配しなければならない。わが国でも、戦国時代の浪人は槍一筋を背負って、時には下僕に馬を引かせて自分を売り込んで廻ったが、その場合、槍や馬や家来は、全部自分で調達し、手当てしたものである。その「戦力」に対して、売り込みがうまくいけば、扶持を、つまり給金を貰う。ところが、日露戦争の時満州の野に戦った兵士たちの場合は、武器弾薬はもちろんのこと、着るものから食べるものまで、全部「国家」が支給した。したがって、その補給が参謀本部の悩みの種だったのである。

一六世紀のフランスやドイツの軍隊は、むろんかつての帝国陸軍のように近代的に組織されたものではないが、曲りなりにも「国家の軍隊」で、しかもイタリアという「外地」で戦争をした点では、日露戦争の時の乃木軍や黒木軍に似ている。しかも、当時においては、イタリア半島に攻め入った国王や皇帝の軍隊に、武器や食糧をいろいろ国元から補給することはとてもできない相談だから、勢い現地調達ということにならざるを得ない。そうなると、敵の軍隊だけを相手にしていたのでは話がすまなくなって、一般民衆から掠奪することになる。民衆の方はそれに抵抗するから、戦争はどうしても悲惨な様相を呈するようになってくるのである。

そのほかにもうひとつ、純粋に技術的な要因として、一五世紀末以降戦争の惨禍を増大させたものに、火器の発達がある。シャルル八世の軍隊は、アルプスを越えてやって来た時には、巨大な臼砲を多数運んで来た。ちょうどこの頃に急速に用いられるようになった大砲の役割が、戦争の様相を一変させたことは改めて論ずるまでもないだろう。カスティリオーネが説くような、主君の眼の前で晴れの武勲をたてる騎士などというものは、もはや存在を許されなくなった。それにもかかわらず、かつての華やかな騎士道に執着しようとすれば、結局ドン・キホーテになってしまうのである。

マルスとベローナ

これらさまざまの理由がひとつになって、一六世紀の戦争は、嫌でも破壊力の強いものにならざるを得なかった。それに比べれば、一五世紀までの、特にイタリアにおける戦争は、まことにのんびりしたものと言わなければならないだろう。そのことを如実に示してくれるのは、一五世紀の美術における軍神マルスの役割である。

マルスは、言うまでもなく戦争の神であるから、勇ましくも恐しい相貌で表現されるのが本来である。事実、一三世紀頃までのマルスの姿は、ジャン・セズネックが『異教の神々の生き残り』のなかで指摘しているように、武装した恐しい姿で馬車を駆っているのが普通である。しばしばそのマルスの傍らには、飢えた狼が描かれていて、いやが上にも恐しさを強調している。ところが、一四世紀から特に一五世紀になると、この戦さの神の表現が、何とものどかな、時にはだらしないものとなるのである。一五世紀のイタリア美術でわれわれがすぐ思い浮かべる代表的なものとして、たとえばマンテーニャの《パルナッソス》や、コッサのパラッツォ・スキファノイアの装飾に登場して来るマルスは、恋人のヴィーナスと適当に戯れている姿であって、たとえ武装しているにしても、お世辞にも頼母しいとは言えない。ロンドンのナショナル・ギャラリーにあるボッティチェリの有名な《マルスとヴィーナス》になると、軍神は甲冑すら脱ぎ棄てた裸の姿で、だらしなく眠り呆けている。そばに打ち棄てられた兜や槍は、キューピッドたちのおもちゃになっている始末である。もし今ここに敵が攻めて来たら、いったいどうなることかと、他人事ながら気にかかるぐらいのどかなものである。

それればかりではない。ヴィーナスはもともと技術の神ヴルカヌスの妻で、マルスとはいわばよろめいているわけだが、その浮気の行為が夫にばれて、二人の恋人は裸でいるところをヴルカヌスの金網に捉えられてしまう。ヴルカヌスの方は、腹立ちのあまりのっぴきならない現場をおさえて、神々の王であるジュピター（ユピテル）に訴え出るという非常手段をとったものだから、マルスとヴィーナスは、裸のまま身動きができないという情けない状態を仲間の神々

ボッティチェリの《マルスとヴィーナス》1483-86年

の眼の前にさらし出すことになってしまう。ヴィーナスの方はともかく、マルスにとっては何とも見っともない話である。ペルジーノのように、その見っともない状態をそのまま描き出すという例さえ見られる。

こうなると、とても戦さの神としてマルスに頼るわけにはいかなくなる。当時の人びともそう思ったに違いない。一六世紀になるとヴィーナスの恋人としてのマルスの姿はなおしばしば描かれるが、戦争に関する神としては、別の役者が登場して来る。それが、やはりもともとはローマの神であったベローナである。つまり、戦争の専門家としてのマルスはいわばお払い箱になって、もともと女神であったベローナが恐しい戦争の方を引き受けることになったのである。

その二人の神々の役割をよく示す面白い木版画が残っている。一五二〇年代に作られたもので、本の扉絵として使われたものだが、さまざまの武器をうずたかく積み上げた戦勝記念標が二つあって、それぞれの上にマルスとベローナが君臨しているという図柄であるが、よく見ると、マルスの方の武器は、剣とか、槍とか、弓矢等、つまり古い武器であって、ベローナの方は、大砲、臼砲、爆薬、それに火薬樽まであって、つまり新式の武器になっている。かつて剣や槍が主要な武器であった時代には、マルスの栄光も輝かしいものがあったのだろうが、今や新しい武器による戦争は、ベローナの受持ちになったというわけである。戦さの神としてのマルスの役割は、一五世紀とともに終ったと言ってもよい。そして近代になって、たとえばロダンが戦争の神を彫り出した時には、それはもはやマルスではなくて、ベローナだったのである。

5 傭兵隊から常備軍へ

i

傭兵隊の衰退

「一四五九年、公がマントヴァの君主会議に出た時は六十歳（むしろ五十八歳）であった。騎者としては青年にも劣らず、大きな堂々たる体格、謹厳な顔かたち、おちついた愛想のいい物の言い方、君主らしい立居ふるまい、渾然たる心身の天分は当代に比類なく、戦場では向こうところ敵なく——賤しい身分から一国の主権まで昇ったこの人は、そんな人物であった。その夫人は美貌で貞淑で、その子供たちは天使のように愛らしく、当人はめったに病気をしたこともなく、大事な望みはすべて達せられた……」（柴田治三郎訳）

ここに語られている人物は、一傭兵隊長からミラノ公にまでのし上がったフランチェスコ・スフォルツァであり、語っているのは、マントヴァ会議を主催した教皇ピウス二世、すなわち人文主義者のアエネアス・シルヴィウス・ピッコロミーニである。ブルクハルトは、ピウス二世のこの文章を引用しながら、フランチェスコこそ「あらゆるイタリア人のうち、おそらく十五世紀の心情にもっとも適った男である。天才と個性的な力の勝利が、この男におけるより輝かしく現われたことはない」と、述べている。――『イタリア・ルネサンスの文化』

あらゆる時代は、それぞれの時代の英雄像を持っている。ピッコロミーニのような優れた文人がこのように書き残しているとすれば、一五世紀イタリアにおいて、傭兵隊長が時代の英雄のひとつの代表であったことは確かであろう。ドナテロの《ガッタメラータ騎馬像》、ヴェロ

上――ヴェロッキオ作《コレオーニ騎馬像》
下――ドナテロ作《ガッタメラータ騎馬像》

ッキオの《コレオーニ騎馬像》のみならず、フィレンツェのサンタ・マリア・デル・フィオーレ大聖堂内に描かれたウッチェロの《ジョン・ホークウッド騎馬像》（一四三六年）や、それと対をなすために描かれたアンドレア・デル・カスターニョの《ニッコロ・ダ・トレンティノ騎馬像》（一四五六年）、あるいは、一七九六年に破壊されてしまって今は残っていないフェラーラの《ニッコロ・デステ騎馬像》（バロンチェリ作、一四五一年）や、さらにはさまざまのいきさつの後に遂に未完成に終ったレオナルドのほかならぬ《フランチェスコ・スフォルツァ騎馬像》にいたるまで、一五世紀イタリアが同時代人に捧げた重要な芸術的記念碑は、傭兵隊長へのオマージュだったと言ってよい。一六世紀以降にまで引き継がれていく廟墓彫刻を別にすれば、これほどまで大規模で壮麗な世俗のモニュメントは、この時代にはほかにない。

事実、当時の傭兵隊長は、その呼び名が時に連想させるかもしれないような、単なる「傭われ軍人」ではない。彼らの多くは、武人として優れていたばかりでなく、人間として数々の魅力を備えた「理想的」英雄であった。そのことは、フランチェスコ・スフォルツァに対するピッコロミーニの賛辞と並んで、ウルビノのフェデリゴ・ダ・モンテフェルトロに対するカスティリオーネの評価を思い出してみるだけで充分であろう。

ところが、この傭兵隊長という存在が、一六世紀にはいると、完全に歴史の上から姿を消してしまう。いや、傭兵隊そのものはもちろんまだまだ存続しているのだが、傭兵隊長はもはやかつてのような理想的英雄でも華やかな存在でもなくなってしまうのである。フランチェスコ・スフォルツァやフェデリゴ・ダ・モンテフェルトロのような人は、傭兵隊長の「花の時代」のいわば最後を飾る存在であった。

傭兵隊長の栄光のこのような衰弱をもたらしたものは、すでにたびたび述べている通り、直接的にはイタリア戦役を契機として、「戦争」そのものの性格が変って来たことである。しかし、視点をもう少し近づけて見れば、シャルル八世の侵攻以前に、すでに半島内部で、傭兵隊長の地位の低下を示す徴候が、はっきりと見られる。実を言えば、傭兵隊長のほんとうの「花の時代」は、ジョン・ホークウッドが活躍した一四世紀末から、せいぜい一五世紀中頃までである。われわれは、一般にロレンツォ・イル・マニフィコの時代をメディチ家の最盛期と考えているが、経済活動から言えばすでにそれは衰退期であったのとちょうど同じように、フランチェスコ・スフォルツァ（一四六六年歿）やウルビノのフェデリゴ（一四八二年歿）の時代は、傭兵隊そのものの歴史から言えば、すでに衰退期であった。ピエロ・デラ・フランチェスカの見事な肖像画（ウフィツィ美術館蔵）によってわれわれに忘れ難いものとなっているフェデリゴ・ダ・モンテフェルトロが、傭兵隊長としてよりも、むしろ優れた人文主義者、芸術愛好家として記憶されているという事実が、そのことをよく物語っている。イタリア戦役以前から、傭兵隊はすでに衰退の傾向を示していたのである。

その衰退をもたらした理由として、軍事的、政治的、経済的の三つの要因が挙げられる。純軍事的には、傭兵隊の持っている「戦闘能力」に対する疑問が、一五世紀前半からすでに漠然とながら「雇主」のあいだに拡がり始めたという事実がある。

契約方式の矛盾

もともと傭兵隊というのは、純粋に戦争だけを目的とした武装集団である。したがってそれは、ほかの点についてはともかく、「戦闘能力」に関しては絶対的な強味を持っている筈であった。事実、傭兵隊の勃興期には、優れた傭兵隊長を雇った都市は、まず安心していることができた。相手が寄せ集めの武装農民のような場合なら、専門の傭兵隊が負ける気遣いはほとんどなかったからである。しかし、一五世紀になってあちらにもこちらにも傭兵隊長が輩出してくるということになると、相手も傭兵隊を雇うから、戦争は「同業者」同士のあいだで行なわれることになり、軍事パレードとなって来る。しかも、「同業者」が増えることは、当然「就職難」を伴うから、いったん「就職口」を確保した傭兵隊長にとっては、なるべくその地位が長続きする方が望ましい。そのためには、うっかり負けてはもちろんいけないが、あまり簡単に勝ってしまっても具合が悪い。戦争が終ってしまえば、傭兵隊の存在理由がなくなってしまうからである。

もちろん、傭兵隊を雇うのは純然たる雇傭契約だから、契約期間は最初から決められている。しかし、相手は野球のように日程が決っているものではなく、いつ終るかわからない戦争である。したがって、一五世紀を通じて、傭兵隊の雇傭契約は、期間を二段階に分けるのが原則であった。第一期は「確定期間」で、この期間は、傭兵隊の雇傭は保証される。続く第二期は「予定期間」で、これは「確定期間」だけで戦争が片付きそうもない時に延長される期間である。「雇主」は、第一期が終る前に、第二期も雇傭を継続するかどうか、傭兵隊長に通知しなければならないが、もし必要なしということになれば、第一期だけで契約を打ち切ることができる。とすると、傭兵隊長の方としては、第二期の契約も確保するためには、あんまり早く戦争が終ってしまうのは望ましくないということになる。少なくとも、第一期の終る迄は、戦争が続くように手加減するだろう。単純に勝ちさえすればそれでいいというものではないのである。

この「雇傭期間」は、一五世紀初頭から中頃にかけて、次第に長くなる傾向を示した。一四〇四年に、マラテスタ・デ・マラテスティがヴェネツィア共和国に雇われた時の契約期間は四ヵ月の「確定期間」と二ヵ月の「予定期間」というものであった。それから半世紀後、一四五七年に同じヴェネツィア共和国がバルトロメオ・コレオーニをヴェネツィア軍総司令官に雇った時には、「確定期間」は三年、「予定期間」は二年となっている。コレオーニの場合はいささか特別だと言われるかもしれないが、しかしその他の例を見ても、一四四〇年代には、一年ないし二年の「確定期間」というのが普通である。

マラテスタ・デ・マラテスティの場合のように、第一期、第二期合わせて六ヵ月という契約期間は、一四世紀末から一五世紀初頭にかけての常識であった。決してマラテスタが冷遇されていたわけではない。それどころか、この時マラテスタは、兵士の給料を一括して受取って自分で支払うという特別の権限を認められている。給料支払いについて特にうるさかったヴェネツィア共和国は、他の傭兵隊長の場合は、共和国政府の支払官が直接兵士たちに支払うという方式を建前としていたから、これは相当な優遇措置である(政府が直接支払うというのは、もちろん兵士の数をチェックするためで、さもないと、傭兵隊長は契約通りの人数を集めず、差額を着服してしまう虞れがあったからである)。その上、マラテスタは、彼自身のために月額一、〇〇〇ドゥカーティという高額の給料を受け、さらにヴェネツィア軍総司令官の地位を与えられたのだから、むしろ共和国政府の信頼はきわめて厚かったと言える。そのマラテスタでさえ、契約期間が、「予定期間」も含めてわずか六ヵ月というのは、冬の間はどこでも戦争が行なわれないのが普通だったからである。

戦争のない時期には傭兵隊をお払い箱にするというこの契約システムは、一見、大変合理的だが、雇われる方にして見れば、面白くないことは言うまでもない。それに、雇主にとってもそれなりの不便があった。冬の休戦期が終ってさて新たに傭兵隊が必要になった時、前に雇っていた傭兵隊長がいつの間にか敵の方に雇われていたということもないわけではないからである。事実、一四三八年には、それまでずっとヴェネツィアに仕えていたマントヴァのジャンフランチェスコ・ゴンザガが、突如ヴェネツィアにとっては宿敵のミラノ公国と契約を結ぶという挙に出た。この時、ヴェネツィア政府は、ゴンザガの「裏切り」を激しく非難したが、契約期間が切れてから後の話だから、少なくとも法的にはどうすることもできない。終生ヴェネツィアに忠実であったと言われるコレオーニでさえ、一時ヴェネツィアに「背いた」ことがある。自国の内情をよく知っている傭兵隊長が敵方に走ることは、むろん望ましいことではないから、傭兵隊長との信頼関係を確保するため契約期間は次第に長くなる傾向を示したのである。このことは、傭兵隊が実質的に常備軍に近くなるということにほかならない。

ついでに言えば、この傭兵隊の常備軍化ということを、全イタリアの諸国家のなかで最も早く、意識的に推進したのは、ヴェネツィア共和国であった。そのことは、イタリア半島のつけねの東端に位置しているというヴェネツィアの地理的状況と無関係ではない。陸続きにアルプスの北の国々と交易するためにも、また海路東方世界と貿易するためにも、絶好の地理的条件を持っていたヴェネツィアは、その好条件をフルに利用して、商業国家として大いに繁栄したが、そのことは、逆に言えば、半島内の諸国家のなかで、ヴェネツィアだけが絶えず「外敵」

の脅威にさらされていたということになる。事実ヴェネツィアは、一五世紀の前半にはしばしばハンガリーと干戈を交えたし、後半にはトルコの脅威に対して自国の安全を図らなければならなかった。シャルル八世の侵攻以前のイタリア半島は、全体としていわば温室のなかでぬくぬくと平和を楽しんでいたのだが、このヴェネツィアにだけは、外からの冷たい風が吹きこんでいたと言ってもよい。お祭好きなことにかけてはヴェネツィア人は誰にもひけを取らないが、しかし戦争だけは傭兵隊同士の軍事パレードではすまないということをこの国の人びとはよく知っていた。自力で軍隊を組織するというところまではいかないが、しかし傭兵隊を利用して実質的に常備軍にあたるものを設ける必要性を、ヴェネツィアはいち早く感じ取っていた。半島内の他の国々では、「戦力」を増強する必要のある時には何人もの傭兵隊長を雇ってそれぞれに任務を与えるだけですませていたが、ヴェネツィアだけは、さまざまの傭兵隊すべてを指揮統一するヴェネツィア軍総司令官という地位を設け、また、政府から各傭兵隊に派遣される軍監という制度を徹底的に利用して絶えず作戦行動に介入することを試みた。そのため、この軍監と現地の傭兵隊長とのあいだにしばしばトラブルが生じるという事態さえ見られたが、このようなやり方は、部分的な戦争請負人である傭兵隊長を曲りなりにも常備軍化しようとする努力の表われと言うこともできるだろう。少なくとも、ヴェネツィアが、ルネッサンス期全体を通じて、「最も平穏な共和国」と呼ばれるほど安定した平和を保ち続けることができたのは、マキアヴェリのような傑出した思想家は持たなかったにせよ、鋭敏な現実感覚によって水準の高い軍事力を確保し得たことによるところが少なくなかったはずである。

パワー・ポリティックスの犠牲

傭兵隊の衰退を招いた政治的な理由というのは、言うまでもなく、一五世紀の半島内の政治状況と密接にかかわりがある。それぞれに勢力を拡大させていく、いくつかの強力な国家と、その間にはさまれている多数の群小国家とがひしめき合っていた当時の半島内部においては、複雑な同盟関係によるバランス・オヴ・パワーによって、かろうじて安定が保たれるという仕組になっていた。ほんのわずかの勢力の不均衡でも、この安定を脅かす要因になり得たし、事実、そのために面倒が持ち上がることも珍しくなかった。このような状況のもとにあっては、ある程度以上力を持った傭兵隊長は、勢力均衡を乱す不安定要素となる危険性があった。何しろ、どこかに戦争がなければ仕事にありつけないという連中である。あまり平和が続いては困る、と考えるような傭兵隊長も、決して少なくはなかった。

もっとも、皆が皆そうだったというわけではない。一口に傭兵隊長と言っても、その存在形態はさまざまであり、利害も必ずしも一致しない。少なくとも大ざっぱに分けて、二種類の傭兵隊長がいたことは忘れてはならない。それは、「定着型」と「放浪型」とでも言ったらよいのだろうか、あるいは「領主型」と「浪人型」と言ってもよいかもしれないが、要するに領土を持っているかいないかの違いである。

本来、戦闘行為だけを目的とする武装集団としての傭兵隊は、第二の「放浪型」、つまり移動労働者で、したがって、傭兵隊長も、雇われた先が自分の住居と心得ているような人が多かった。フィレンツェに仕えて勇名をはせたジョン・ホークウッドなどは、もともとイギリスからやって来た「外来者」で、イタリアに自分の土地など持っているわけがなかった。ところが一五世紀になると、自分の領土を持った傭兵隊長が増えてくる。というよりも、傭兵隊長から領主になり、一国を形成するという場合がしばしば見られるようになる。その最もドラマティックな例は、ヴィスコンティ家を追い落して強大なミラノ公国の支配者となったフランチェスコ・スフォルツァの場合であろう。今も残るレオナルドの天井装飾で有名なカステル・スフォルツェスコは、かつては傭兵隊長であったこのミラノ公の勢威の強大さを今日まで伝えてくれる。しかし、ミラノほど大きくはないにしても、同じように傭兵隊長の領主をいただいている小国家は、他にいくらでもあった。すでに触れたウルビノのモンテフェルトロ家をはじめ、マントヴァのゴンザガ家、フェラーラのエステ家、リミニのマラテスタ家などがそうである。ついでながら、それぞれに独特な色彩でルネッサンス史を彩っているこれら傭兵隊長の支配する小国家が、ヴェネツィアを中心として内陸に拡がる扇形地帯に、ちょうどヴェネツィアをぐるりと取り囲むように存在していることは、注目すべきである。それは個人的な英雄は別として、国全体として見た場合、イタリア半島全体のなかでずば抜けて優れた政治感覚を持っていたヴェネツィア共和国が、半ば意識的に操作して作り上げたものであった。ずっと教皇庁に忠実であったウルビノは多少例外としても、マントヴァも、リミニも、フェラーラも、皆ヴェネツィアの勢力圏内であった。海軍力において絶対の強味を持っていたヴェネツィアは、内陸政策の拠点として、これら小国家を衛星のように自分の周囲に配したのである。そして、その領主たちを傭兵隊長として雇っておけば、ヴェネツィアを攻めようとする敵はまずこれら衛星国の手強い抵抗に会うということになる。上に述べた一四三八年のジャンフランチェスコ・ゴンザガの「裏切り」の時、ヴェネツィア共和国政府が激怒したのは、それが単に一傭兵隊長の裏切りではなく（第一、それは契約期間が終って後、新しい契約の結ばれる前だから、実は違反行為ですらない）、衛星国の「裏切り」だったからなのである。

このような措置は、傭兵隊長にとっても望ましいものであった。特に、冬の間は失業状態になるのが当り前であった一五世紀初頭においては、自分の領地を持っているということは、大変具合のいいことである。したがって、これら領主兼業の傭兵隊長は、戦争がなくてもそうは困らない。問題なのは、以前に紹介したニッコロ・ピッチニーノのような、文字通り一匹狼の傭兵隊長たちである。彼らは、戦争の見込みがない時は何とかして争乱の種を作ろうとしたし、あるいは、自分たちもどこか然るべき土地を手に入れようとして、勢力均衡を乱す虞れがあった。そうなると、周辺の諸国家にとって、傭兵隊長は邪魔者でしかない。その最も典型的な例は、ニッコロの息子のヤコポ・ピッチニーノの場合であろう。

ヤコポは、父親譲りの乱暴者であったが、腕に覚えのあるのがかえって災いして、自分の領土を確保することなど考えなかった。一五世紀中葉に半島を一応安定させたロディの平和条約の後、彼ははじめて、自分が遅れを取ったことを悟った。遅ればせながら、自分もどこかに割り込もうとした時には、勢力均衡はすでに確立していて、余分な土地などどこにもなかった。彼は、彼一流の強引なやり方で領主にのし上がろうとし、ボローニャとシエナに目をつけた。しかし、いずれの場合も、見事に失敗した。ミラノのフランチェスコ・スフォルツァをはじめ、近隣諸国がもうこれ以上の現状変更を好まず、こぞって反対したからである。もっとも、シエナ攻防戦の時、ヤコポは一時追いつめられて窮地に陥ったが、討手の傭兵隊長がやはりこのまま戦争が終ってしまうのを恐れて、わざわざ食糧までたっぷり補給して、ヤコポを逃がしてやったと伝えられている。ともかく、ピッチニーノは、悠々死地を脱出した。

このような男を生かしておくと、今後またどんな騒動の種とならないともかぎらない。少なくともフランチェスコ・スフォルツァはそう考えた。自分もかつては傭兵隊長であったにもかかわらず――あるいはそれだからこそなおのことかもしれないが――、ミラノ公は、何とかしてヤコポを亡き者にしようと思い、ナポリ王フェランテとひそかに陰謀をめぐらした。その結果、一四六五年、ヤコポは、ミラノ公の推薦でナポリに仕えるよう招きを受けた。「失業中」のヤコポは、喜んでこの招きに応じたが、ナポリで彼を待っていたのは、カステル・ヌオーヴォでの暗殺であった。一説によると、ミラノのフランチェスコは、武将としてのヤコポの名声があまりにも高いので、嫉妬のあまりこの挙に出たとも言われているが、むろんそればかりではあるまい。ミラノ公国という強大な国家を支配するようになったフランチェスコにとっては、政治上の要請が何よりも優先するものであった。ヤコポ・ピッチニーノは、いわば当時におけるパワー・ポリティックスの犠牲者である。そしてそのことは、理想的英雄像としての傭兵隊長の栄光が消え去ったことを物語るものであった。

さらに、傭兵隊長の没落をうながした大きな要因として、経済上の理由がある。

ii

金で買われた平和

一五世紀イタリアにおいて傭兵隊が次第に衰えて行った背後には、第一に、「戦力」として傭兵隊がそれほど信頼できないものになったという軍事的理由があり、第二に、傭兵隊の存在が半島内の勢力均衡を乱す虞れがあるという政治的理由があった。しかし第三の経済的理由も、上の二つに劣らず大きい。

何しろ傭兵隊というのは、金がかかる。自分たちが武器をとるかわりに、お金で解決しようというのが本来の傭兵隊利用の発想であるから、算盤勘定が合わなくなってくれば、その発想を考え直さなければならないのは当然である。そして一四世紀から一五世紀前半にかけて、傭兵隊の値段は確実に上り続けた。特に、一四二〇年代から三〇年代にかけて、ミラノを相手にフィレンツェ、ヴェネツィアが絶え間ない抗争を続けていた時期には、傭兵隊に対する需要が大きかったため、必然的に値上り傾向を示したのである。

当時半島内においては、どの国でも多かれ少なかれ傭兵隊を利用していたが、特にフィレンツェとヴェネツィアにおいて傭兵隊の活躍が目立つのは、この二つの共和国がもともと商業国家であったことと無関係ではないだろう。商業の繁栄のためには、平和がどうしても必要である。商人たちは本質的に平和愛好者であって、平素から一旦緩急ある時に備えて戦力を蓄えるというような考え方はまったくない。何かことが起これば、仕方なく金で平和を「買う」のである。したがって、戦争の時だけ雇い上げて、平和になればお払い箱にすることのできる傭兵隊という存在は、理屈から言えば、まことに便利なものだということになる。その場合、雇主の頭にあるのは、冷静な利害得失の計算だけである。

平和を「買う」というこの考え方は、フィレンツェの市民たちの場合には、特に徹底していた。一四三二年、ミラノとの戦争の最中に、フィレンツェ共和国政府は、傭兵隊長フランチェスコ・スフォルツァに対して、五万フロリンという巨額のお金を支払っている。別にフランチェスコを雇ったわけではない。当時フランチェスコは、ミラノに雇われていたから、いわば敵の大将にわざわざ金をやったわけである。その目的は、フランチェスコの軍隊をトスカナから引き上げさせるためであった。つまり、差し当りフィレンツェには攻撃しないという約束を、フィレンツェは五万フロリンで敵方から「買った」のである。もっとも、この時は流石に、そのような出費は、道にお金を棄てるのと同じだという批判が出た。だが共和国政府にとっては、自国の戦力をふやすのも、敵を大人しくさせるのも、結果的には同じと思われたのであろう。

軍事費の恒常化

戦力があるかないかによって、国家の財政負担がいかに異なるかということについては、興味深い数字がある。一三九〇年から一四〇二年にかけての、フィレンツェ共和国の「軍事費」の変遷である。その主要な内容はもちろん傭兵隊への支払いだが、そのほかに、政府が農民たちを臨時雇いのかたちで直接組織した農民兵（普通の「傭兵隊」では、騎馬兵が中心だが、この農民兵は、主として徒歩の石弓兵であったという）や、国境の枢要な地点に常時配備していた農民兼業の「国境守備隊」の費用も含まれる。以下の数字はそれらすべてを引っくるめたものなので、支払通貨が異なる場合はフィレンツェ・フロリンに換算し、端数は丸めてある。その計算は、アメリカのブラウン大学のアンソニー・モロー教授によるもので、私はその結果を、同教授の『初期ルネッサンス時代におけるフィレンツェの国家財政』（ハーヴァード大学出版部、一九七一年刊）から借りた。

単位フロリン

一三九〇年……………六四七、〇六二

一三九一年	八一〇、二〇一
一三九二年	七〇〇、九〇九
一三九三年	一四〇、一九一
一三九四年	一六二、二一三
一三九五年	二八四、一〇四
一三九六年	二五六、八二三
一三九七年	五八七、三三五
一三九九年	二二八、六〇五
一四〇〇年	二二九、四四八
一四〇一年	二七八、四四一
一四〇二年	六一四、〇二四

一三九八年は資料欠

この数字を見てみると、この期間で一番出費の多かった年（一三九一年）は、一番少なかった年（一三九三年）のほとんど六倍近くになっている。しかも、その間、わずか二年しか離れていない。この時期、フィレンツェはミラノと戦争状態にあったが、つねに戦闘行動があったわけではなく、お互いに戦備を充実させるため、一時的休戦を必要とした。正直なもので、休戦になると、軍事費の支出は途端に減るのである。

同じモロー教授の推定によると、当時フィレンツェ共和国の年間支出は、七〇万フロリンから一〇〇万フロリンを少し越えたぐらいの間を動いていたということであるから、五〇万フロリンを越える「軍事費」というのは、国全体として大変な負担である。もちろん、通常の税金では間に合わないから、共和国政府はしばしば公債発行という手段に訴えた。早く言えば市民たちから借りるわけである。借りたものは返さなければならないから、この大量の公債がやがてフィレンツェの財政を強く圧迫することになるのだが、それはともかくとして、この一三九〇年代のように、年によって軍事費に極端な増減があるかぎり、経済的には傭兵隊の存在理由があるということは言えるだろう。常備軍だと、休戦になったからと言って、途端に安上りですむというわけにはいかない。

ところが、一四二〇年代以降、この「軍事費」の支出が、次第に恒常化して来る傾向を示した。たとえば、一四二〇年代で直接資料が残っているのは、一四二四、一四二六、一四二七の三年だけだそうだが、軍事費支出は、いずれも四〇万から五〇万フロリンとなっているという。同じように傭兵隊を利用していながら、軍事費が恒常化して来るのは、もちろん絶えず戦争が行なわれていたことが大きな原因のひとつだが、そのほかにも、前に述べたように、傭兵隊長の定着率を良くするために雇傭期間を長くしたり、勢力均衡政策を有効に機能させるため、さまざまの国家のあいだで軍事同盟が結ばれたりしたことが、やはりそれなりに大きな理由となっている。バランス・オヴ・パワーを安定させるための軍事同盟ということになれば、当然、戦争がない時でも、ある程度の「戦力」を保持していなければならない。たとえば、一四二五年に、ミラノに対抗してフィレンツェとヴェネツィアが同盟を結んだ時、ヴェネツィア共和国は、騎兵八千、歩兵三千を提供すること、戦争が終っても少なくとも騎兵三千はつねに保持することが定められていたという。この人数も、次第に増大する傾向を見せ、一四五〇年にヴェネツィアがナポリ王国と同盟した時には、平時において保つべき戦力は、騎兵六千、歩兵四千であった。つまり、雇う方は、戦争がなくても大量の傭兵隊を養っておかなければならないわけである。傭兵隊は、後にマキアヴェリが『君主論』のなかで痛烈に批判するように、「平和な時には市民たちをまる裸にし、戦争になれば敵によってまる裸にされる」という存在に近づいて行ったのである。

しかし、実際に戦争もしないのに多くの傭兵隊を雇うのは、算盤勘定から言えば、何とも無駄な話である。そこで、多少とも出費を節約するため、一五世紀中頃には、「待機中の傭兵隊長」という方式が広く一般に利用されるようになった。これは、読んで字の如くで、ちょうど不況の時に大きな話題となった新入社員の「自宅待機」に似ている。つまり就職先は内定していて、いざ呼び出しがあった時には早速雇主の許に馳せ参じなければならないが、しかし、それ以外は比較的自由で好きなことをしていてよいという状態である。むろん、「月給」は正式に雇う時よりも安い。

もっとも、この方式では、待機させる方は良いかもしれないが、待機させられる方に不満が残るのは、短い雇傭契約の場合と同様である。有力な傭兵隊長は、「待機中」でも高い支払いを要求したし、さもなければ、「本契約」の時に、期間の延長や契約金の値上げを持ち出すのが普通であった。この辺の交渉は、現在の「就職戦線」と原則的には同じことで、どのあたりの線で落ち着くかということは、需要と供給のバランスで自ずと決まるが、しかしそれでも、有力な傭兵隊長に対する処遇の仕方は、それぞれの国でかなり違った結果を見せた。ここでも代表的なのは、フィレンツェとヴェネツィアの場合で、傭兵隊に依存するところが最も大きかったこの二つの共和国で、対傭兵隊長対策は、まったく正反対の傾向を見せたのである。

フィレンツェとヴェネツィアの違い

すなわち、フィレンツェの場合は、敵方であるフランチェスコ・スフォルツァに大金を投じて平和を「買う」という前に述べたエピソードに端的に見られるように、問題が起こった時にその場その場で処理しようという傾向が強く見られる。つまり、傭兵隊をあくまでも本来の傭兵隊の役割にとどめておこうとする考えで、そのため、一人の傭兵隊長をあまりに長期にわたって雇うことを意識的に避けようとする態度を示した。一四世紀の末に二〇年以上にわたってフィレンツェに仕えたジョン・ホークウッドの場合など、まったく例外的事例である。事実、一三九四年にホークウッドが世を去ってから後は、一五世紀全体を通じて、フィレンツェ軍の代表と言えるような傭兵隊長は一人もいない。それは、一人の人間にあまりに大きな権力を与えることを本能的に避けようとするフィレンツェ人の気質から来ている。事実、政治においても、フィレンツェ共和国は徹底した「民主制」で、今日で言えば内閣と国会とをあわせたような権力を持つ機関である共和国最高評議会のメンバーは、二ヵ月ごとに更新されるという有様であった。同じ人があまりに長く権力の座にいることを、「民主的」なフィレンツェの市民たちは極度に嫌ったのである。

傭兵隊長の場合も同じことで、同じ隊長をあまりに優遇すると、その傭兵隊長の発言力が強くなり過ぎる虞れがある。何しろ相手は「武力」を持っているから、傭兵隊長が政治に容喙《ようかい》するようになると大変危険である。その危険性に極度に神経質であったフィレンツェの人びとは、傭兵隊長との関係に「深入り」することをなるべく避けようとしたのである。このやり方は、うまくいけば、平和な時には軍事費を節約することができるし、いったん戦争となれば、その時その時で一番実力のある傭兵隊長を自由に雇うことができるというメリットを持つ。しかし、世の中はそううまくばかりもいかないもので、雇傭関係が不安定だから望み通りの傭兵隊長を雇えるとはかぎらないし、うまく雇えた場合にも、それが高いものにつくということは覚悟しなければならなかった。というのは、雇われる方も一回かぎりならなるべく高く自分を売りこもうとするし、だいたい傭兵隊長と交渉する時は非常事態だから、フィレンツェとしては、相手の言い分を呑んでも早く話を纏めなければならないからである。事実、傭兵隊長のなかには、その辺の事情を心得ていて、何とか値段をつりあげようとする者も少なくなかった。一四三一年、ミケーレ・デリ・アッテンドリと交渉したフィレンツェの使節が、本国政府に宛てて交渉の困難を訴えた手紙など、そのよい例証と言えるだろう。この時、ミケーレは、次から次へと新しい要求を出してなかなか契約書に署名しようとはしなかった。「その要求の過大なことは、そのために天日も暗くなるほどです」とその使節は書いている。

「天日も暗くなるほど」の要求であっても、緊急事態なら止むを得ない。この時は、ともかくミケーレを雇い入れるのに成功した。ところが、このミケーレ・デリ・アッテンドリは、過大な要求をするだけあって、傭兵隊長としては有能であったらしい。彼の働きはフィレンツェ市の長老たちの認めるところとなり、翌一四三二年には、その功に報いるため、大枚二、〇〇〇フロリンを投じて黄金の兜を作り、これをミケーレに贈ったと記録は伝えている。たまたまこの時、フィレンツェはもう一人、ニッコロ・ダ・トレンティノも傭兵隊長として雇っていた。

このニッコロが、ミケーレに対する「特別報酬」につむじを曲げて、自分の功績もミケーレのそれに劣らないと言いだした。共和国政府は、仕方なくニッコロにも同様の黄金の兜を与え、その結果、フィレンツェ市民は、四、〇〇〇フロリンの余計な出費を背負いこむことになったのである。

もっとも、フィレンツェ共和国は、傭兵隊長との関係に「深入り」することには強い警戒心を働かせたが、お金の支払いに関してはむしろ大まかであったと言える。傭兵隊の値段は、一四世紀から一五世紀にかけて、確実に上り続けたが、特にフィレンツェにおいては、その意味で金遣いが荒かった。これに対し、ヴェネツィア共和国の方は、金の支払いはしぶかったが名のある傭兵隊長とは積極的に永続的関係を保とうというまったく逆の行き方を示した。

先に述べたあの自国の周囲に傭兵隊長を領主とする「衛星国」を配置するという政策そのものが、実はその端的な表われである。「待機中の傭兵隊長」という制度を最も巧妙に、しかも組織的に利用したのもヴェネツィアであったが、その傭兵隊長が小なりとはいえ領主であれば、「待機中」であってもそれほど困らない。正式に契約する場合よりもずっと安い値段で、いざという時の軍事力を確保することができる。その代り、それらの領主兼業傭兵隊長の忠誠心をいっそう確実なものとするため、ヴェネツィア政府は、金銭以外の面で、いろいろ手を尽している。自国の雇った傭兵隊長に対して面倒見の良い点では、ヴェネツィアは半島内で随一であった。たとえば、そのような傭兵隊長の一人、ブレシャの領主パンドルフォ・マラテスタが一四一二年、対ハンガリー戦に出陣した時には、その留守中に不安があってはいけないというので、ヤコポ・ソリアーノをブレシャに派遣して統治の面倒を見させている。

傭兵隊長たちを引きつけておくため、功績のあった隊長に、政治の中心機関である大評議会の議席を与えるということも、積極的に行なった。ウォーウィック大学のマイケル・マレット教授の調査によると、一四〇五年から一四五四年までの五〇年間に、外国人——ということは、この場合ヴェネツィア市民ではないということだが——でこの大評議会のメンバーに選ばれた人は全部で四〇人ほどいるが、そのうち一三人までが傭兵隊長であったという。フィレンツェの場合とは逆に、黄金の兜の代りに国家的栄誉を与えたのである。

もっとも、これら傭兵隊長たちは、たいていの場合、戦場にいるか自国の領土にいるから、実際に共和国の政治に口をはさむことはほとんどなかった。ヴェネツィア政府としては、そこまで計算していたに違いないが、たとえ政治的野心のある傭兵隊長が一人や二人大評議会に乗りこんで来たとしても、それほど心配することはなかった。というのは、同じ「共和国」と言っても、ヴェネツィアの場合は、少数の貴族階級の間でたらい廻しにされる総督職と、やはり同じ仲間から成る元老院とが大きな力を持っていて、実質的には寡頭政治であったからである。今になって振り返ってみれば、徹底した「民主制」を採用したフィレンツェよりも、実質的にはきわめて「非民主的」なヴェネツィアの方が、ルネッサンスの激動期を生き抜く上で、よりしぶとい生命力を発揮したことは否定し得ない。フィレンツェの方がそれだけ理想主義的であり、ヴェネツィアの方がより現実主義的だったとも言えるだろう。

さらにその上、ヴェネツィアは、ヴェネツィア軍総司令官になった傭兵隊長には、大運河沿いの立派な邸館を無償で提供している。もっともこれは、建物を与えてしまうというのではなく、自由に使わせるのだから、いわば総司令官公邸のようなものである。ただこれも、先に述べた大評議会の議席と同じことで、傭兵隊長がそうしばしば実際にこの邸館を使用するということはない。留守のあいだあけっぱなしにしておくのももったいないというので、共和国政府が外国使臣の接待などに利用することもあった。このあたりは、政府はなかなかちゃっかりし

＊傭兵隊長に対する優遇装置として、さらに町中の目立つ場所に記念像を設置して栄誉を称えるというやり方がある。ヴェネツィアのサンティ・ジョヴァンニ・エ・パオロ聖堂前のヴェロッキオによる《コレオーニ騎馬像》がその例である。ヴェネツィアの衛星国パドヴァも、ドナテッロに依頼して堂々たる《ガッタメラータ騎馬像》をサント聖堂前の広場に建立した。結果として、フィレンツェの最も優れた二人の彫刻家の代表作がいずれもフィレンツェ以外の地に残されることとなった。それに対してフィレンツェ政府は、ジョン・ホークウッドの騎馬姿を、ウッチェロに命じて大聖堂内に描かせた。壁画はブロンズ彫像よりはるかに安上がりですむからである。

ている。

ともかく、このように傭兵隊長をさまざまの手段で優遇したから、ヴェネツィアにおける傭兵隊長の定着率は大変高い。最も有名な例はコレオーニであるが、それ以外にも多くの名のある傭兵隊長が、ヴェネツィアに奉仕している。フィレンツェ政府から金の兜を貰ったミケーレ・デリ・アッテンドリも、一四四〇年代には招かれてヴェネツィア軍総司令官になっているし、そのミケーレの競争相手であったニッコロ・ダ・トレンティノの息子のクリストフォロも、二〇年間にわたってヴェネツィアに仕えた。実際の雇傭契約においても、フィレンツェのように戦争がすんだらすぐお払い箱にするというのではなく、平和な時でも、規模を縮小しながらも雇い続けるというやり方を採った、戦時と平時との二本立て契約が登場してくるのは、一四四〇年代の初めであるが、これもヴェネツィアにおいて始まった。たとえば、一四四一年のグイド・ランゴーニとの契約などがその例で、この時は、戦時には騎兵七〇〇人、平時には五〇〇人という内容であった。これは、実質的には、傭兵隊を常備軍化することである。おそらくそれは、長い眼で見れば、経済的にも有利な方式であったろう。

槍一本の値段

ここで最後に、傭兵隊の実際の値段がいくらぐらいであったかという数字を挙げておかなければならない。資料は必ずしも充分ではないが、その比較の手がかりとして、騎兵一人の「単価」を挙げておこう。騎兵一人と言っても、実際には、騎兵のほかに、楯持ちが一人と従者が一人つくのが普通であり、それを引っくるめて「ランチア」（槍）と呼んだ。つまり、「一槍」といえば、人間三人と馬一頭であり、これが傭兵隊の最小単位になる。フィレンツェの場合、一三世紀後半においては、「一槍」あたりの値段が、月額六フロリンというのが普通であった。これが一四世紀末になると、ほぼ倍の一二フロリンから一四フロリンになる。ただし、ジョン・ホークウッドに対してだけは、「一槍」あたり一八フロリン支払われたというから、これはかなり優遇である。ところが、一四二〇年代になると、この優遇措置の一八フロリンがほぼ平均となる。そして一四三〇年代には、どんどん上がって六〇フロリンから六五フロリンを要求する傭兵隊長まで現われたというから、これはべらぼうである。それでもなおフィレンツェは臨時の傭兵隊という方式に固執した。シャルル八世の軍隊がやって来るまで、常備軍という考えはフィレンツェにはほとんどなかったと言ってよい。早くから常備軍化への道を歩んでいたヴェネツィアの場合と違って、この花の都は、後にマキアヴェリが痛憤やる方ない口調で語っているように、本来安いと思った筈の傭兵隊が結局はきわめて高いものにつくこと、しかもその割にあまり軍隊としては役に立たないことを、いやと言うほど思い知らされることになるのである。

6 学者たちの世界

i

墓の芸術

フィレンツェのサンタ・クローチェ聖堂は、ときにイタリアのウェストミンスターだと言われる。ロンドンにあるこの高名な僧院が、イギリスの生んだ政治的、文化的偉人たちの墓所として多くの観光客を惹きつけているように、サンタ・クローチェ聖堂も、フィレンツェの町が誇る詩聖ダンテをはじめ、ギベルティ、レオナルド・ブルーニ、ミケランジェロ、ヴァザーリ、マキアヴェリ、ガリレオ、ロッシーニなど、この町に縁故の深い各時代の偉人たちの墓が名物となっているからである。

墓と言っても、単に遺体を納めた容物《いれもの》というだけではない。墓である以上、棺が中心になるのは当然だが、その棺も古代風、東方風さまざまに意匠を凝らし、死者の生前の面影を伝える彫像やその徳を称える寓意像を配し、必要とあればさらに聖母子、天使、聖者、プットー像なども添えて、それを二層、三層の壮麗な構造物に仕立て上げるという大がかりなものである。

彫刻と建築とを合体させたようなこの「墓の芸術」が、ルネッサンス美術の歴史の上で重要な一章を占めていることは、《モーゼ》、《奴隷たち》、《昼》、《夜》、《暁》、《黄昏》などのミケランジェロの名作を思い出して見るだけで充分であろう。かつてエジプトの美術は、すべて死者への捧げものにほかならないと言われていたが、ルネッサンス美術を対象とした空想の美術館においても、墓のためのギャラリーは、相当大きなものになる筈である。

だが、一般に「墓の芸術」は、死者に捧げられたものではあっても、死者のためのものではない。墓は後世のためであり、生きている人びとに死者の栄誉を伝えるものである。ナイルの谷を覆う壮麗な墓群が物語るものは、普通にそう考えられているように死後の世界を大切にする彼岸希求であるよりも、むしろ死後にまで現世を持ちこもうという強烈な彼岸否定の精神、生臭いまでの現世執着の思想ではなかったろうか。彼岸こそ現実に勝ると本気で考えた中世の人びとは、個人の墓を華やかに飾り立てることなど、考えなかった筈である。少なくとも、自己の墓のことなど少しも考えなかった中世の聖者たちの方が、生前から壮大な廟墓を設計させ

＊ダンテの墓は、フィレンツェとラヴェンナの二ヵ所にある。ヴェネツィアへの旅の途中ラヴェンナで世を去ったダンテは、同地に葬られ、遺体はサン・フランチェスコ聖堂内の墓に納められた。後にフィレンツェはダンテのために壮麗な墓を造り、ラヴェンナの町に遺体の返還を繰り返し要請したが、そのたびに拒否され、現在にいたるまで墓は空のままである。

たルネッサンスの教皇よりもはるかに彼岸の世界に近かったことは否定し得ないであろう。

とすれば、墓の壮大華麗は、むしろ現世的価値の表現である。ピラミッドはファラオの権力の強大さを伝えるものであり、パリのアンヴァリッドの人気は、ナポレオンが現世の英雄であったためである。ルネッサンス芸術の歴史において、墓が重要な一章を形成するということも、逆にこの時代の現実志向の現われと言えるかもしれない。ただ、この時代の面白さは、その墓の主が――つまり当時の社会における「英雄」が――、国王でも将軍でもなく、人文主義者と呼ばれる人びと、すなわち学者たちであったという点である。少なくとも、ルネッサンス期の墓の芸術の幕を開いたフィレンツェにおいては、そうであった。

クァトロチェントのフィレンツェで、国王や将軍のお墓が造られなかった理由は簡単である。れっきとした共和国で、傭兵隊以外の軍隊を知らなかったこの国には、王様も将軍もいなかったからである。しかし、ではその代りになぜ学者のために堂々たる墓が、それもしばしば公費で、造られたかということは、いささか説明を要するであろう。最終的には、学者たちが世の人びとの尊敬を集めたからということになるが、なぜそれほどまで尊敬を集めたかという理由は、それほど単純ではないからである。

学者たちは、自分からその栄誉を求めたわけではない。彼らは、自己の名声に無関心ではなかったにせよ、後のユリウス二世のように、そのために生前から自分の墓を彫刻家に依頼したのではなかった。レオナルド・ブルーニは、たまたまトスカナの山道を歩いていた時、ある詩人の墓を飾るための大理石板を苦労して運んでいる農民を見て、自分の作品よりも墓碑によって名前を後世に伝えようとするその詩人に対するいささか批判的な言葉を、友人宛の手紙に残している。彼自身の気持ちとしては、それが正直なところであったろう。ところが、ルネッサンス時代の墓の芸術の冒頭を飾る名作、そしてその後の数多くの墓の範となった作品が、ほかならぬこのブルーニに捧げられたものであったのだから、皮肉な話である。

商人の息子から大学者へ

レオナルド・ブルーニ（一三七〇頃―一四四四）は、アレッツォの小麦商の息子で、少年時代に両親を失い、孤児となってフィレンツェに上り、おそらくは苦労をしながら法律を修めた。人文主義者というのは、もともとはギリシア、ローマの古代文献を解釈する学に従事する者のことである。その古代文献とは、特にイタリア半島においては、法律と政治に関するものが重要な位置を占めていた。エディンバラ大学のデニス・ヘイ教授は、講演集『イタリア・ルネッサンスとその歴史的背景』（ケンブリッジ大学出版部、一九六一年刊）のなかで、イタリアが古代から受け継いだ二つの重要な遺産は、都市文化とローマ法だという注目すべき指摘を行なっているが、このことは、特にアルプスの北の国々と対比した時、半島の持つ特性を浮彫りにして見せてくれる点で貴重である。事実、中世末期から初期ルネッサンスにかけて、アルプスの北においては、文化の中心は城であり、したがってそこに育ったのは宮廷文化であったが、イタリア半島においては中心は町であり、したがってその文化は市民文化であった。学問も、北方では思弁的性格が強く、半島では実際的性格が強い。中世以来西欧世界全体に広く知られた著名な大学と言えば、パリのソルボンヌとボローニャのそれが双璧であるが、パリは神学において優れ、ボローニャは法学において勝っていた。自ら優れた神学者でありながら、きわめて実際的精神に富んでいたロッテルダムのエラスムスが、パリの知的世界に死ぬほどの嫌悪を抱き、逆にイタリアの仲間に強い親近感を覚えたのも、理由のないことではない。そして、世俗的、市民的文化としてのルネッサンスがまずイタリアで花開いたことも、実はこのような古代とのかかわり方に深い関係があるのである。

いずれにせよブルーニは、まず法律家として世に出た。そして世を去った時には、フィレンツェの全市民の敬愛を受けて壮麗な廟墓を捧げられるまでにいたったのだから、いわば立志伝中の学者である。現在サンタ・クローチェ聖堂にあるその墓は、ベルナルド・ロッセリーノの手になるもので、古代風の石棺の上に横たわるブルーニその人の肖像は、文人としての栄誉を示す月桂樹の葉の冠をいただき、手に、主著である『フィレンツェの人びとの歴史』一巻を携えている。この廟墓が完成した時、ブルーニの同郷の友人であり、やはり高名な人文主義者であったカルロ・マルズッピーニが葬儀委員長になって、盛大な追悼の儀式が行なわれたという。なお、序でに言えば、ブルーニの墓に続く廟墓第二号は、ほかならぬこのマルズッピーニに捧げられたもので、デジデリオ・ダ・セッティニャーノの手になる。この第二号もまた学者の墓であることは、特筆に値しよう。

レオナルド・ブルーニの廟墓。ベルナルド・ロッセリーノ作

だが、ブルーニがいかに優れた人文主義者であったとしても、アリストテレスの翻訳を刊行し、フィレンツェの歴史を書いたというだけでは、このような「国家的栄誉」を正当化するには充分ではない。彼が腕の良い法律家で優れた弁舌の持主であったという事実を加えてもまだ足りない。フィレンツェの人びとは気難し屋である。この町で声望を得るためには、なおいくつかの条件がある。そのことは、当時のフィレンツェの人びとがはっきりと認めていた。ブルーニ、マルズッピーニと並ぶこの時代のもう一人の著名な人文主義者ポッジオ・ブラッチオリーニが、その対話集『高貴さについて』のなかで、フィレンツェにおいて高い社会的地位を得るにはどうしたらよいかというまさにそのものずばりの問題を論じているからである。

この対話集は、プラトンに倣って、当時の実在の人物たちが登場してくるものだが、そこで、学者仲間の中心的存在であったニッコロ・ニッコリとメディチ家のロレンツォ・ディ・ジョヴァンニとが、社会的「高貴さ」は、三つの要因の組合わせの上に成立すると主張している。その三つとは、第一に「古くからある財産」であり、第二に「血の優越性」(家系)であり、第三に「公職に従事した記録」であるという。あらゆる社会は、その社会特有の価値観を持っているが、このような評価基準を設定するところに、フィレンツェ社会の特質が興味深く透けて見えると言うことができるだろう。

フィレンツェ社会の貴族性志向

もっとも、ここに挙げられた三つの要因のうちの、第二の「血の優越性」ということは、一般にどんな社会においても重んじられるものだと言えるかもしれない。特に、たとえばフランスの宮廷のような貴族社会においては、名門の出ということは絶対的な重みを持つ。だが、フィレンツェは本来、世襲の君主を認めない「自由な」共和制社会の筈である。特にルネッサンスは「個人の力量」が何よりもものを言う時代だと、ブルクハルト以来歴史家たちは主張してきた。だが、共和制フィレンツェのパラドックスのひとつは、早くから「貴族性志向」が見られたということである。そのことは、「実力」が何よりもものを言う筈の商人や学者たちの世界においてさえそうであった。そのような市民たちの気風を誰よりもよく知っていたのは、銀行家のなかでも新参者であったメディチ家であろう。一五世紀におけるメディチ家の優位を支えたものは、もちろん第一にはその莫大な財力であったが、それと同時に、創業の祖ジョヴァンニ以来、代々の当主たちが、「血の優越性」をいかにして保証するかということに苦心を重ねたということも見逃し得ない。実際に名門の出でない者ほど、系図には気をつかうものである。

卑賤の出の者が「名家」に浮上するやり方は、昔も今も変らない。もっともらしい祖先をでっち上げるか、実際に名門の家と縁組を結ぶかのいずれかである。メディチ家の場合は、この両方ともを巧みに利用した。何しろ、ありていに言って、最初はどこの馬の骨ともわからないような小商人の一族が、いつの間にか伝説的な英雄の子孫ということに「昇格」し、やがて銀行家仲間の名門と、次いでヨーロッパ有数の貴族と、そして最後にはフランスの国王と縁組を結ぶまでに出世したのだから、商才に長《た》けたこの一族が、いかに「家系」ということに気をつかったか、想像がつこうというものである。一五世紀後半、ロレンツォ・イル・マニフィコの時代のメディチ家は、一銀行家でありながらほとんど王侯貴族のような生活ぶりを見せたが、そこにすでに、この一家の「貴族性志向」を端的に読み取ることができる。そしてそれは、フィレンツェにおいては、高く評価される要素だったのである。

事情は、学者の世界においても変らない。人文主義者であると同時に優れた芸術家でもあったレオン・バティスタ・アルベルティは、フィレンツェでも一、二を争う名家の出身であり、カルロ・マルズッピーニはアレッツォの貴族の家の出である。上に名を挙げたニッコロ・ニッコリは富裕な毛織物業者の息子であり、ポッジオは、父親は平凡な薬種商であったが、母方の祖父が公証人で、いずれも上流市民階級の血を引いている。大きな例外は、レオナルド・ブルーニの場合で、彼はすでに述べたように、貧しい出身の苦学力行型の学者であった。それでも、優れた人文主義者としての名声を馳せたということは、それだけ彼の才能が抜きんでていたということであろうが、そのブルーニも、富と名声を得た後では、「名門」との結びつきを願って、一人息子のドナートを、一二世紀以来の由緒ある富裕な羅紗織物業者カステラーニ家の娘アレッサンドラと結婚させている。カステラーニ家は、フィレンツェで最も勢力のあった羅紗織物業の同業者組合のなかでも中心的存在であったばかりでなく、その一族の者はしばしば共和国の政治に参与しているほどの名家である（もっとも、そのために、後にメディチ家から厳しい圧迫を受けることにもなる）。ブルーニは、息子の結婚によって、自己に欠けていたものを補おうとしたと言うこともできるだろう。

これをもし政略結婚と呼ぶなら、この時代のフィレンツェの上流市民たちの結婚は、すべて政略結婚であった。結婚によって優れた家系と結びつくこと、あるいはお互いの「血の優越性」をいっそう強めることは、誰しも当然考えることであった。もっとも、結婚の「効果」は、それだけではなく、さらに「経済的効果」も重要であった。というのは、敢て上流ばかりとは言わず、一般の市民たちのあいだでも、結婚は、必ず「持参金」を伴うものだったからである。誤解のないようにつけ加えれば、もちろんそれは、花嫁について来るものである。

ブルーニ、カステラーニ両家の結婚の場合、一四歳の花嫁アレッサンドラの持参金は、ざっと一、〇〇〇フロリンであったという。この金額は、当時のフィレンツェの上流市民たちの結婚の際の「相場」であった。前に、「一市民の日記」のところで登場して来た薬種商ルカ・ランドゥッチが結婚した時、新妻の持って来た持参金が四〇〇フロリンで、これが中流どころの相場である。結婚当時のルカは、まだ平凡な勤め人で、そのサラリーが年俸三六フロリンであったから、四〇〇フロリンと言えば相当なものである。あるいは、もうひとつ比較の材料を出せば、その頃、召使一人の給料がざっと年額一〇フロリン前後であったから、アレッサンドラ・カステラーニの持参金は、百人の召使を一年間雇うに足る金額ということになる。

この金額が上流市民たちの間で普通のものであったということは、あの壮麗なパラッツォ・ストロッツィで知られるストロッツィ家のカテリーナがパレンテ家の息子と結婚した時の持参金がやはり一、〇〇〇フロリンであったことからもわかる。この時、カテリーナの母のアレッサンドラは、遠くナポリにいる息子に送った手紙のなかで、この婚約成立のことを報告しながら、もし持参金をもう四〇〇フロリンか五〇〇フロリン増やせば、もっと良い縁組ができるのだが、とてもそこまでは出せないと述べている。一、五〇〇フロリンの持参金がつく結婚ということになると、フィレンツェでもほんの数えるほどの超一流の名家の場合だけである。一、〇〇〇フロリンの持参金のつく嫁というのは、家系のバックグランドをまったく持たないブルーニにとっては、充分に満足すべき相手であったろう。

なお序でに言えば、この持参金は、妻が夫の許に「持参」するものだから、夫はそれを自由に使ってもよいが、しかしあくまでも「妻のもの」である。たとえば、夫がいかに遺言によって全財産を子供に譲りたいと思っても、少なくとも持参金の分だけは妻に返さなければならない。そうすると、夫に死に別れた妻は、同じ持参金に再びものを言わせて、第二の人生に出発することができるというわけである。この点だけから言えば、妻と言うよりむしろ共同出資者と言った方が近いかもしれない。商業都市フィレンツェにふさわしい習慣と言えよう。

資本主義の精神

「家系」のことはさしあたりこれくらいでよいであろう。「高貴さ」のもうひとつの条件としての「財産」という点に関しては、一見何の註釈も不必要であるように思われる。卑俗な言い方をすれば、「お金のある人は尊敬される」、ないしは「社会的地位が高い」ということで、そのこと自体は、ことの当否は別として、比較的一般的な現象だからである。しかしながら、われわれはここで、中世の人びとを強く支配していたキリスト教の倫理においては、富は決して尊敬さるべきものではなかったという事実を、もう一度思い出してみる必要がある。尊敬されないどころか、むしろ否定さるべきものであった。そのことは、福音書のイエスの言葉を想起すれば明白である。富者が天国にはいるのは駱駝が針の穴を通るよりも難しいとか、財産を地上に積まないで天国に積めとか、天国にはいりたいと思えば持っているものをすべて貧しい人びとに分け与えよなどという教えは、決して単なる比喩ではなく、もっとなまなましいものとして当時の人びとの耳には響いた筈である。つまり、富は、現世においてそれなりの力を持っているにしても、つねに後ろめたいものであった。多くの財産を持っている者はそれだけ強い不安に悩まなければならなかった。ロマネスクの教会堂入口に彫り出されている地獄で苦しむ富者の姿は、彼らにとっては現実のものであった。その不安、あるいは罪の意識がいかに大きなものであったかは、中世における修道院の繁栄を見ればわかる、と主張する歴史家さえいる。修道院の広大な領土や豊麗な宝物は、すべて富める者の寄進によっているからである。

だが、もし財産がそれほどまで後ろめたいものであるなら、社会的尊敬を集める筈がない。シャイロックは、いかに巨万の富を持っていようと、軽蔑の対象でしかないのである。シャイロックの場合は、神の許し給わぬ「金貸し」という行為によって豊かになったのだからなおのことだが、たとえ正当な(と見做される)手段によって儲けたにしても、富を「地上に積む」ことには変りはない。ポッジオの対話集においては、「高貴さ」の条件としての富は「古くからある」財産だとわざわざ限定がついていて、つまり金貸しのようなうさん臭い手段で急速に金持ちになったような人は駄目だと言っているのだが、古くからあるにせよ何にせよ、ともかく財産があるなら、その人は福音書の言葉によるなら、天国にはいるのは困難な筈である。死後地獄に堕ちることがはっきりしているような人が世の尊敬を集め、社会的に高く評価されるというのは理屈に合わない。とすれば、ポッジオの対話集の背後には、正当な(と見做される)富なら、それほど後ろめたいものではない、いやそれどころか、古い「家系」と同じように尊敬に値するものだという倫理観があった筈である。事実、それがなければ、この時代のあの目覚しい商業発展はあり得なかったであろう。つまり、富についての考え方が、少なくともかつての修道院文化の時代とは、大きく変ったのである。

　そのような価値の逆転をやってのけたのが、実はイタリアの人文主義者たちであった。人文主義が、イタリアの商人や銀行家に、何ら後ろめたい思いなしに富の追求に専念するための倫理的基盤を与えたと言ってもよい。マックス・ウェーバーが「資本主義の精神」と呼んだものが、プロテスタンティズムの登場以前に、すでにイタリアの商人たちの間に認められることは、しばしば指摘されているが、その根はさらにさかのぼれば、人文主義者たちにまで行き着くのである。そして、その思想を最初にはっきりと表明したのは、レオナルド・ブルーニであった。

ii

アリストテレス曰く

明治以降の日本の評論においては、西欧の学者、思想家の説を引いて、自己の論旨を強化するというのがひとつのパターンになっている。鷗外がハルトマン曰く、と言うと、樗牛がニーチェ曰くと答える。この場合、ニーチェやハルトマンは、拠るべき権威であり、説得の手段である。この事情は、現代においても変らない。いや、江戸時代、あるいはそれ以前においても同じであったと言うべきであろう。ただ、片仮名の代りに、漢字の名前が使われただけである。孔子曰く、孟子曰く、というわけである。

ルネッサンス期のイタリアにおいては、拠るべき権威はもちろん古代ギリシア・ローマであった。人文主義者とはすなわち古代文献学者であったから、材料にはこと欠かない。新しい思想、たとえば、富の追求は決してそれほど後ろめたいことではなく、むしろ積極的価値であるという考え方が人びとのあいだに芽生えてきた時、それを裏づけてくれるような議論を古代の

「権威」のなかから見つけ出してくることは、それほど困難ではなかったろう。もちろん、人文主義者たちが、富裕な商人や銀行家の活動を正当化するために、御用学者の役割を演じたというのではない。といって、商人たちが、新しい倫理観の確立を待って、その上でさて富の追求に乗り出したわけでもない。現世的富の追求は、当時のフィレンツェの、あるいはヴェネツィアの、市民たちのたくましいエネルギーの発現であり、いわば時の気運であった。ルネッサンスという大変革は、ほかならぬそのエネルギーによってもたらされたものであるが、同じようなエネルギーは、人文主義者たちのあいだにも沸き立っていた筈である。その気運が、古代の文献に新しい眼を向けさせたと言うべきであろう。

いずれにしても、その最初のチャンピオンは、レオナルド・ブルーニであった。彼は一四一九年から二〇年にかけて、コジモ・デ・メディチのために、アリストテレスの（手になると当時は考えられていた）『経済学』を翻訳するという仕事を果したが、そのなかに彼は、物質的な富の所有は、「徳」の実行を可能ならしめるものだという思想を見つけた。同じくアリストテレスの『ニコマコス倫理学』は、「気前の良さ」を徳目のひとつとして挙げている。「気前の良さ」を発揮するためには、豊かでなくてはならない。したがって、富を地上に積むことは後ろめたいことではなく、むしろ徳の支えとして望ましいことだとブルーニは説いた。

このような価値観は、現世的利益の追求に情熱を賭ける商人たちにとっては、きわめて都合のよいものであったろう。日本でも、室町の末頃から戦国時代にかけて、「有徳の人」という言葉が「富裕な人」という意味でしばしば使われた。「徳は得なり」である。現実の財貨を倫理的価値と結びつけるのは、商業社会の、それも勃興期の商業社会の特徴であるのかもしれない。

ブルーニのこの思想は、ただちに他の人文主義者たちによって受け継がれ、増幅された。マッテオ・パルミエリ（一四〇六―一四七五）の『市民生活について』は、その代表的な例であるし、アルベルティの『家庭論』は、その総仕上げをしたものと言ってよい。たとえば、アルベルティは、はっきりとこう言っている。

「誰にせよ財産の女神の恵みをあまり受けていない人は、自己の徳を行なうことによって名誉と名声を得ることは容易ではないであろう。というのは、貧困は必ずしもつねに徳の妨げになるとは言わないにしても、しばしば徳を曇らせ、暗い陰気な悲惨のなかに導いて行くからである」

しかるがゆえに、人は「自分の家と、財産と、仕事場」を持たなければならないし、家庭は「建物を堂々と飾り、美しい本を集め、立派な馬を持たねばならない」とアルベルティは結論する。地上の財産は、否定するべきものであるどころか、「徳を行なう」ために、どうしても必要なものとなったのである。

一五世紀の商人や銀行家たちが、ブルーニやアルベルティの説くところを忠実に実行したことは、現在フィレンツェの町に残る「堂々たる建物」や「美しい本」を思い出してみれば明らかである。この時代に、人びとは、教会堂や修道院ばかりでなく、自分たちの邸館や別荘を飾り立てるのに、惜しみなく金を使った。惜しみなく金を使っても、良心は痛まなかった。一四世紀の初頭、パドヴァの富豪エンリコ・スクロヴェニが惜しみなく金を投じたのは、地上の富に対する後ろめたさを少しでも解消するための礼拝堂建設に対してであった。それはわれわれに、ジョットの壮麗な壁画を残してくれたが、同時代の壮麗な邸館というものはない。ところが、クァトロチェントになると、アルベルティの設計になるルッチェライ家のパラッツォをはじめ、パラッツォ・メディチ（現在のパラッツォ・リッカルディ）、パラッツォ・ストロッツィ、パラッツォ・ピッティと、個人の邸館が、文字通り軒を連ねるようになる。そしてそれが後ろめたいものであったどころか、称讃に値するものと思われていたことは、たとえば『市民生活について』の著者パルミエリが世を去った時、同じ人文主義者のアラマンノ・リヌッチーニが、その追悼演説のなかで、パルミエリがお金を貯めて、それを「神の栄光」のためと同時に、「華やかな生活や壮麗な建物のため」にも使ったと称えていることからも、明らかであろう。

なお序でに言えば、このパルミエリは、銀行家や大商人のような金持ではなかったが、フィレンツェの町で有数の薬種商であり、「カタスト」の申告では、だいたい上位一割のなかにはいっていたというから、まあ富裕な方であったろう。その後、共和国政府の要職を歴任することになって、多忙なため自分の店を二人の甥に譲ったが、その後も、土地、建物、公債等の財産によって、豊かな生活を享受したようである。一四三三年に結婚したが、その時花嫁の持参金が七〇〇フロリン、これは一流なみとは言えないにしても、かなりの高額である。そして、長いこと政府の要職にありながら、清廉潔白、無私無欲の人として評判が高かった。アントニオ・ロッセリーノの手になるその胸像が残っている。

現世肯定的価値観

壮麗な建物ばかりではなく、豪奢華美な服装が流行るようになるのも、現世肯定の価値観と無関係ではない。事実、一五世紀中頃から後半にかけて、特に若者たちの服装が豪奢なものになり、皆華美を競うようになったと後にマキアヴェリが、その『フィレンツェ史』のなかで、いささか苦々しげに述べている。当初の人文主義者たちの意図がどのようなものであったにせよ、富を徳と結びつけたことが、結果として贅沢を野放しにするようになったことは否定できない。「虚飾」に対するサヴォナローラのあの激しい告発は、ある意味では当然の反動であった。だが、倫理的評価は別として、この時代のフィレンツェが、豪奢であると同時にきわめて洗練された豊かな美の世界を残してくれたことについて、われわれは人文主義者たちに感謝しなければならないであろう。

人文主義者たちの現世肯定的価値観のもうひとつの重要な点は、同じ「富の追求」と言っても、行商人や小売業者のような小規模経営の場合と、大がかりな金融操作や海外貿易を行なう大商人、大銀行家の場合とをはっきりと区別し、その評価に「格差」をつけていることである。端的に言って、当時のフィレンツェ人にとっては、大規模な商業活動は、小売商や行商人の活動よりもはるかに価値のあるものであった。なぜなら——ここでもアルベルティの言葉を借りるなら——「自分の腕を使って行ったり来たりする」肉体の活動よりも、「智能や、才幹や、その他の魂の美徳」を必要とする活動の方が優れたものだからである。

ルネッサンス期のイタリアにおいて、個人の「力量」がはじめてクローズアップされるようになったということは、すでにブルクハルトが指摘しているところだが、その「力量」とは、肉体的なもの以上に精神的なもの、アルベルティ流に言えば「魂の徳」であった。なにしろ、武力を売物にする傭兵隊長でさえ、直接の武力よりも、外交手腕や、統治力や、さらには学問や教養によって評価された時代である。マッテオ・パルミエリも、『市民生活について』のなかで、同じ商業でも、「他の商人から仕入れて、それをただちに利益を載せて売るというのは、たしかに低級なもの」であり、それに対して、「取引が巨額で大がかりな場合、そして多種多様な商品を、大量に、いろいろな場所に運ぶという場合は、たしかに称讃に値するもの」であると述べている。この基準で行くなら、今日のわが国の巨大商社など、「たしかに称讃に値するもの」と言うべきであろう。

学者たちの収入

ところで、大商人や銀行家は別として、人文主義者たちはいったいどのくらいの「収入」があったのだろうか。

清廉潔白なパルミエリが、市民としては、上の下、ないしは中の上くらいの生活をしていたらしいことはすでに述べた。ここでは、例のレオナルド・ブルーニの場合を見てみよう。それには、一四二七年、第一回のカタスト申告の記録が良い材料になる。

当時ブルーニは、およそ五七歳、彼の「政治家」としての経歴はちょうどこの頃から始まるとは言え、学者としてはすでに充分の名声と実績を挙げている時期である。彼の申告書は、一一頁から成る詳細なものだというが、それによれば、まず不動産として、出身地のアレッツォの近郊に五つ、フィレンツェの近郊に二つ、合わせて七つの農場があり、二三人の小作人が働いていた。そのほかにフィレンツェとアレッツォに一つずつ「パラッツォ」(邸館)があり、さらにアレッツォおよびフィエーゾレの郊外に「別荘」があったが、これらは、本人および家族の利用している住居であるので、カタストの資産評価からは除かれている。農場の方の評価額は、すでに述べた年収から逆算する方式により、ざっと二、七〇〇フロリンとなっている。

次に、フィレンツェ共和国政府発行の公債である。ブルーニは当時、額面合計で、三、八三五フロリン相当の公債を所有していた。しかし、この公債は、政府が乱発したことや経済状況の変化によって、実際の評価額はつねに動いている。税金の申告に際しては、実際の評価額で計算されるから、額面通りにはならない。一四二七年当時では、公債の実質価値は額面の四三パーセントとなっていたから、三、八三五フロリンの公債は、約一、六五〇フロリンの財産と評価される。

ブルーニの資産で最も大きいものは、投資および預金である。すでに述べたように、この頃のフィレンツェの「銀行」は、同時に「商社」も兼ねていたから、銀行にお金を預けることで、直接投資ができる。銀行は、預かったお金でたとえば東方貿易を行ない、利益を「投資者」に適当に配分するのである。ブルーニの場合、メディチ銀行（商会）に一、〇〇〇フロリン、ストロッツィ銀行（商会）に一、〇〇〇フロリン、ポルティナリ銀行（商会）に四〇〇フロリンという具合に、全部で一三の銀行（商会）に「分散投資」しており、その額は総計七、四四五フロリンに上る。すなわち、農場（不動産）、公債（有価証券）、投資（事業）の三つの項目を合わせると、ブルーニの資産総額は、ざっと一一、八〇〇フロリンになる（以上の数字は、ローロ・マーティンスの『フィレンツェの人文主義者と社会世界』――プリンストン大学出版部、一九六三年刊、から借りた。一フロリン以下の細かい数字は、適宜取捨してあるので、およその数字である）。

以前に説明したように、一四二七年のカタストでは、資産の総額をまず計算して、そこから必要経費と扶養家族の控除を差し引いたものが課税対象額となる。この年のブルーニの控除額は、約七三五フロリンと計算されているから、課税される資産は一一、〇六五フロリンとなる。この額に税率〇・五パーセント（一律）をかけると、税額は五五フロリンなにがしと出てくる。これは、彼の属していたサンタ・クローチェ地区では、第一五番目の高額所得者となり、町全体でも二桁台、つまり一〇〇番以内の数字であるという。この年にカタスト申告をしたのは、ざっと一万世帯と推定されているから、ブルーニは、トップ一パーセントのなかにはいるわけである。

もっとも、実際にブルーニが一四二七年に支払うべき税額として課された数字は、もっとずっと少ない。というのは、彼は一四一六年以来、共和国に対する功績を認められて、特別に低い率の課税を受けるという特権を与えられていたからである。一四二七年の記録では、課税額は一一フロリン（後に息子のドナートが申し立てたところによると一二フロリン）と、普通の計算の五分の一になっているという。だが、この特別措置は、税率に関するもので、彼の資産総額には関係がない。ここでは差し当り、ブルーニがフィレンツェ全市民のなかでもトップ・クラスに属する資産家だったということを確認すればそれでよい。

ところで、上に挙げたブルーニの「カタスト」申告の内容を見て、誰しも奇妙な印象を受けるに違いない。というのは、彼の「資産」は、土地と有価証券と事業に投資した金額とから成り立っていて、人文主義者、ないしは学者としての彼の活動がまったくそこには反映されていないからである。一四二七年当時のブルーニは、すでにアリストテレスの翻訳をコジモ・デ・メディチに捧げたり、いくつもの著書を発表したりして、学者としての名声は高い。彼の主著である『フィレンツェ史』も、一四一五年以来巻を重ねている。また彼は、その優れた文才のため、一四〇五年以来、ローマの教皇庁の知遇を得て、しばしば教皇の教書や手紙の起草を頼まれている。さらに、もともと法律の勉強をした彼は、法廷での弁論家として知られ、多くの事件を依頼されたことは、同時代人の記録に詳しい。これらすべては、皆それぞれにかなりの額の報酬をもたらす筈のものである。

もちろん、その「報酬」の形式は、今日とは随分違う点もある。本を書いたからといって、原稿料や印税がはいるわけではないし、教皇庁から月給を貰っているわけでもない。何か著作を発表した場合は、普通はその本をメディチ家なり枢機卿や教皇なりの有力者に捧げ、捧げられた方がその労に対してある程度のまとまった金額を贈る。あるいは、翻訳や著述を依頼した有力者が、執筆期間中まるまる生活の面倒を見るという場合もある。要するに、誰かパトロンが援助するという方式である。教皇庁へのサーヴィスにしても同じことで、謝礼はいわば教皇の気紛れである。しかし、ブルーニほどの高名な学者を使ったということになれば、教皇庁としても、そう粗略な扱いはできない。ブルーニの友人の人文主義者ポッジオ・ブラッチオリーニは、ブルーニが特に教皇ヨハネス二三世の好遇を得て、「その好意によって多くの富を得た」とブルーニに対する追悼演説のなかで語っていることから察しても、事実上多額の収入があったと見なければならない。また、当時の人文主義者にとって大きな収入源であった法廷弁論は、当然名声と実績に応じて謝礼が高くなるから、これも相当な額に上るであろう。事実、一四二七年の彼の「カタスト」申告による資産額が一万一、八〇〇フロリン余りであるのに対して、実際の資産は六万フロリンにも達したろうと推定している研究者もいる。

学者としての本職の活動による収入が全然課税の対象にならないというのは、今日の同業者から見れば羨ましいような話であろうが、これは、パトロンからの援助というのは実質がつかみにくいということのほかに、「カタスト」制度は、収入そのものに課税するのではなく、収入を生み出す資産に対する課税だという考え方の相違がある。たとえば、「投資」に対しては、投資された金額が問題になるのであって、投資によって得た利益が問題になるのではない。土地にしても、もしそこから地代や農産物がはいるとすれば、その収入に基づいて一定の割合でその土地の「資産評価」をして、その評価額が課税対象になることは、すでに述べた通りである。したがって、たとえば僅かな日銭を稼いでいるような貧しい機織工でも、もし自分で織機を持っていれば、それは「収入を生む資産」として申告しなければならないが、パトロンからたまたま金一封を貰っても、それはそのままではすぐ「資産」にはならないのである（もちろん、そのお金を、たとえばメディチ銀行を通じて「投資」すれば、当然対象になる）。つまり、学者、または弁論家としての活動の報酬は、そのままのかたちでは税金申告には現われてこないということになる。実際には、ブルーニがカタストで申告した七千数百フロリンの「投資資産」の多くは、彼の「学者」としての活動がもたらしたものであったろう。

一四二七年、「カタスト」申告のあった年、ブルーニは、共和国政府最高評議会議長の要職につくことになった。最高評議会というのは、立法と主要な行政を扱ういわば国会と内閣をひとつにしたような機関だから、その長ということになれば、ほとんど今日の総理大臣にも匹敵する最高職である。事実、対外的には共和国を代表する存在で、外交文書などは、この最高評議会議長の名前で出される。

もっとも、実際の権限は、今日の日本の首相やアメリカの大統領などよりははるかに小さく、実のところ、他国に対する外交文書の起草執筆が一番大事な仕事だったと言えるかもしれない。少なくともブルーニは、最初のうちはきわめて慎重に、それ以外の役割を果そうとはしなかった。本来この職は、他国に対する共和国代表という以外に、最高評議会を主宰することと、その評議会メンバーの候補者リストを準備すること、つまりメンバー候補者の資格審査をすることぐらいがその職務で、人事権もないし、重要事項はすべて合議制である。完璧な民主主義と言われるフィレンツェの共和制は、建前として、一人の人間に大きな権力が集中することを極端に嫌ったから、総理大臣といえども一人では何もできない仕組になっている。しかし、何と言っても一国の宰相である。収入の上から言うと、この職についた時から、彼は一〇〇フロリンの年俸を貰っている。これは莫大な額とは言えないが、普通の評議会メンバーの倍以上であり、しかも有形無形の利益を伴うものであったらしい。ある研究者は、普通の場合、正規の年俸のざっと五倍の収入があったと計算している。

しかしそのことよりももっと興味深いのは、共和国宰相の地位が人文主義者に与えられたという事実である。学者が政治家になるということは、今日でも必ずしも珍しいと言えないかもしれないが、かなり名目的ではあるにせよ、一国の最高の責任者になるのは、やはり稀だと言うべきであろう。だがルネッサンス時代のフィレンツェでは、決して珍しいことではなかった。ブルーニの前に、コルッチオ・サルターティ（一三三一—一四〇六）が、一三七五年から一四〇六年まで、三〇年間にわたってこの地位にいたという例がある。そして、ブルーニが世を去った後でその後を襲ったのはカルロ・マルズッピーニ（一三九八—一四五三）であり、マルズッピーニのつぎはポッジオ・ブラッチオリーニ（一三八〇―一四五九）であった。いずれも、歴史の上では、政治家というよりも人文主義者として知られている人びとである。一四世紀の末から一五世紀中頃までは、フィレンツェ共和国は、形の上で学者宰相を持っていたと言っていい。それはまるで、プラトンの説く理想的な国家が実現したようであった。このことは、ほかならぬその学者宰相の一人ポッジオが、「高貴さ」の条件として、家系、財産と並んで、「公職に従事した記録」を挙げていることと考え合わせて、当時のフィレンツェの社会を理解する重要な鍵のひとつを提供してくれるものである。

iii

行動する学者たち

いわゆる人文主義が、もともとは古典古代を対象とした文献学であり、多くの人文主義者たちが、今日風に言うなら、言語学者であり、語学の教師であり、翻訳家であったことは、すでに指摘した通りである。しかし、ルネッサンス時代の面白さは、学問の分野がまだ今日のように明確に区分されておらず、言語学者が同時に歴史家でもあり、倫理学者や政治学者でもあったという点にある。そして、それのみならず、われわれの考える学者の枠を越えて、弁護士であり、ジャーナリストであり、政治家でもあった。このような事情は、ルネッサンスの芸術家たちが、絵画とか彫刻などの専門に縛られず、しばしば画家、彫刻家、建築家、工芸家であり、さらには、土木技術者や発明家でもあったという事情とよく似ている。「万能の天才」は、あらゆる領域で見られたのである。

これまでにもしばしば引き合いに出して来たレオナルド・ブルーニの例で言うなら、著述家としての彼の業績は、すでに触れたアリストテレスの数多くの翻訳や主著『フィレンツェ史』のほか、きわめてジャーナリスティックな『対話篇』や『フィレンツェ市頌』、ダンテなどの偉人の伝記、軍事論、演説集などに及んでいる。そして、そのような幅の広さが、ブルーニにとって望ましいものと考えられていたことは、彼自身の手になるダンテの伝記が、『神曲』の詩人をまさしくそのような「万能の人」として描き出しているという事実からも、明らかである。

事実、デニス・ヘイ教授は、『イタリア・ルネッサンスとその歴史的背景』のなかで、学問がもっぱら聖職者たちの専売特許であった一四世紀においては、ダンテは、世俗の人でありながら学問にも造詣の深いいささか風変りな存在と考えられていたのに対し、ブルーニの伝記では、詩人、哲学者であるのみならず、さらに家庭人としても市民としても完全な理想的人物とされていることを指摘して、そこにトレチェントとクァトロチェントの社会風土の差を見ているが、その見方は、たしかに当っていると言ってよいであろう。その上、ブルーニは、ダンテの生涯を語りながら、時に応じて、人間の生き方について、自分の意見を勝手に述べている。ここらあたり、ルネッサンスの人びとは、本を書くにあたっても、まことに奔放自在と言ってよい。すなわち、ブルーニは、ダンテが若い頃から文学に興味を持っていたのみならず、その他の「自由学芸」も広く修め、その上「勉学のためにひとり閉じこもるようなこともなければ、世間から離れることもなかった」と言って、次のように語っているのである。

「序でにここで、勉学にいそしむ者は、孤独と余暇のなかに身を隠して努力しなければならないなどと考える多くの無知な人びとがいかに誤っているかについて、一言述べておきたい。私の体験から言えば、人間同士の交際を避けて密に自分だけ引きこもっているような人で、三文字でもきちんと知っている人には出会ったこともない。偉大で気高い精神は、そのような制限は何も必要とはしないのだ……」

もちろん、この一節は、ダンテの生涯とはもはや何の関係もない。学問はいったい何のためにするのかということについての、ブルーニの考え方が、ここにはっきりと顔を出しているのである。同じような思想を、ブルーニはまた、別のところで、「偉大な哲学者は今や偉大な指導者に席を譲らなければならない」という言い方でも述べている。

ブルーニのこのような思想が、決して彼ひとりのものではなく、一五世紀前半のフィレンツェの人文主義者たちに共通のものであったことは、たとえば前にも触れたアルベルティの『家庭論』のなかで、人間にとって大切なことは何もしないで考えることではなく、仕事であり、行動であると述べられていることからも明らかであろう。学問とか思想というものは、それまでは、文字通り「世間から身を離して」自分の世界に閉じこもっていた修道士や聖職者たちのものであった。しかし今や、政治家でも、商人でも、あるいは傭兵隊長でも、実際に「仕事」をし、「行動」する人びとが、その故に優れた人間であると考えられるようになった。学者たちの場合も、単に知識を所有しているだけでは何にもならず、それが実践されてこそ価値があるという思想が支配的になって来たのである。

それは、ルネッサンス期特有の新しい人間的価値の発見と言ってもよいであろう。この時代の芸術家たちは「現実的なもののなかにひそむ魅力」を発見したと言ったのは、フランスの批評家テーヌであるが、芸術家たちだけにかぎらず、学者たちも、現実のなかにひそむ価値を——それも美的なものばかりではなく実践的価値を——見出したと言い変えてもよい。

ただ、そのような「実践的価値」が、フィレンツェの場合、すでに指摘したポッジオの言葉にあるように、「公職に従事」するというかたちで現われることが、きわめて特徴的である。一六世紀になってからでも、グィッチャルディーニは、「フィレンツェにおいては、少なくとも一度は政庁舎勤めをしなければ、一人前の人間とは考えられない」と述べているが、おそらく当時のイタリアのどの都市よりも、フィレンツェにおいて、「公共奉仕」ということが重要視されていたと言ってよいであろう。『家庭論』の著者アルベルティが、同時にまた『絵画論』や『彫刻論』を残した理論家であったことはよく知られているが、彼の主著と呼ぶべきものは、全一〇巻に及ぶ『建築論』である。そのなかで、アルベルティが「建築の価値」はふたつあると述べているのが、まさしくこの時代の価値観をよく表わしている。アルベルティによれば、「建築」の価値は、ひとつはそれが人間の優れた知性や判断力を必要とする点にあり、もうひとつは、それが公共の目的に奉仕する点にあるというのである。

この第一の点は、ルネッサンス時代の――それも特にフィレンツェの――芸術理論家たちのいわば決り文句であった。アルベルティは『絵画論』においても、絵画は数学や幾何学と同じように高度な精神の働きを必要とするもので、したがって、優れた魂の持主にふさわしいものであるということを、繰り返し強調している。むろんその背後には、絵画や建築などは手先の職人仕事であって、知的活動よりも一段と劣るものと見做されていた中世以来の考え方に対する強い反発があった。何しろ中世においては、絵画や建築は「自由学芸」の仲間には加えられていなかったのである。一五世紀の芸術家、および芸術理論家たちが目指したのは、その「地位の低い」芸術を「自由学芸」と同じように「昇格」させることであった。レオナルド・ダ・ヴィンチが『絵画論』の冒頭で有名な諸芸術比較論を行なっているのも、あるいは「絵画とは精神の業《わざ》」だと喝破したのも、皆そのためである。建築とは、単に石を積んだり壁を塗ったりする「手先の業」ではないというアルベルティの主張も、同じ意図に基づいていた。レオナルド風に言うなら建築は、「精神の業」である故に、価値あるものなのである。

建築は「公共の利益に奉仕する」というアルベルティの主張も同じ意図に基づいていた。彼の『建築論』は、一面においてはもちろん建築技術論であるが、他面においては、「建築讃美論」であり、「建築擁護論」である。建築がいかに素晴しいものであるかということを納得させるためには、それがいかに「価値あるもの」であるかということを論証しなければならない。その論拠として、アルベルティは「公共に奉仕するもの」という点を、声を大にして指摘している。ということは、逆に言えば、「公共に奉仕する」ということが、いかに大きな価値と考えられていたかを物語るものであろう。そして、それはフィレンツェにおいては特に重要なことであった。コジモ・デ・メディチが、一方では悪どいぐらい巧妙に富の蓄積をはかりながら、サン・マルコ修道院やその他教会堂建設にあんなにも惜しみなく金を使ったのは、「芸術愛好」や「信仰心」によるところもむろんあったには相違ないが、それと同時に——そしておそらくはそれ以上に——「公共に奉仕する」ということで市民たちのあいだに自己の評判をよくしようという意図があったからにほかならない。

公共奉仕の精神

「公共に奉仕する」ということが、そんなにも大事なことと考えられていたという事実は、大小さまざまの「国家」が数多くひしめき合っていたこの時代のイタリアにおいて、おそらくフィレンツェだけが、その名にふさわしい「共和国」であったということと無関係ではない。王様も、領主も、専制君主も認めないフィレンツェの市民たちにとっては、政府は、文字通り「公共の利益に奉仕する」ものであって、それ以上でもそれ以下でもなかった。個人の「力量」があれほどまで高く評価された時代に、「政治」においてだけは、個人プレーは否定さるべきものであった。いや個人の「力量」を評価した時代であったからこそ、フィレンツェの人びとは、その「力量」が「政治的」に発揮されることを恐れたのかもしれない。政治体制は、徹底した合議制であって、誰か一人の個人が傑出することは許されなかった。この時代に数多く輩出した傭兵隊長が、フィレンツェにおいては遂に誰一人として名をなさなかったということも、同様の理由による(唯一の例外は、フィレンツェ大聖堂の壁にその雄姿を残しているジョン・ホークウッドであるが、すでに見たように、彼は「外国人」であって、政治的にはフィレンツェと何の関係もなかった)。フィレンツェが「共和国」であるということは、政治の世界において誰か個人の専制的支配を認めないということで、それがフィレンツェの市民たちの大きな誇りでもあったのである。

もちろん、「共和国」を名乗っていた国は、フィレンツェ以外にもある。誰でもすぐ思い浮かべるのは、ヴェネツィア共和国である。多くの専制君主の支配する国々のあいだにあって、フィレンツェとヴェネツィアという二つの商業都市国家だけが、専制君主に対する市民的自由を守っていた。五〇〇年後の今日から振り返ってみれば、むしろヴェネツィアの方が形の上では「共和制」をずっと長く保ち続けた。フィレンツェ共和国が、レオナルド・ブルーニの死後百年とたたないうちに消滅してしまったのに対して、ウィリアム・ワーズワースが「ヴェネツィア共和国の滅亡に寄せる歌」を歌ったのは、一九世紀になってからのことである。だが、しかし、

「自由」の長子ヴェネツィア、
輝かしく自由な乙女の町……

というワーズワースの讃辞は、むしろフィレンツェにこそふさわしいと言えるだろう。ヴェネツィアは、なるほど表向きの体制は「共和制」であったが、実質的には、政治は限られた数の貴族たちに握られていた。総督をみんなで選ぶようなかたちになっていながら、選ばれるのは、決った範囲の家族の間からであった。つまり、実質的にはそれは、寡頭政治に近い。ところがフィレンツェは、きわめて徹底した共和制を選んだ。たとえば、フィレンツェの最高評議会のメンバーと言えば、国会議員と閣僚とを兼ねたような存在だが、同じ人がその職に二ヵ月以上とどまっていることはできない仕組になっていた。権力の集中を避けるためである。つまり、

二ヵ月ごとに、「政府高官」ががらっと入れかえになるのである。また、最高評議会のメンバーと言っても、その「月給」は、サルターティの時代でわずか二フロリン、年額になおしても(実際に一年間続ける人はいないが)二四フロリンで、普通のサラリーマンよりはるかに安い(もっとも、そんな短期間でも、実質的にはいろいろ余得があったことは否定できないが、ということは、「政権二ヵ月交替制」をいっそう正当化するものであろう)。つまり、それは「公共奉仕」なのである。

そのような方式が、政治制度として良いか悪いかということは、今ここでは問わない。結果から言えば、「乙女の町」どころか、老練な年増女を思わせるヴェネツィア共和国の方が、はるかに安定した歴史を持った。フィレンツェは、あまりに徹底した共和制の故に、ルネッサンスの激動の時代を生き抜くことはできなかったのである。ただ重要なのは、その体制が、「公共奉仕」の価値観に支えられていたという事実である。サルターティやブルーニのような学者たちまでが、政府の要職につくというのも、やはり同じ価値観の現われである。

公共奉仕に対するフィレンツェのこのような強い信念は、対外的には、一四世紀後半以降、イタリア半島内部において、新しい専制君主国家が次第に擡頭して来たという事態によって、いっそう強力なものとなった。人間にとって大切な「市民的自由」は、フィレンツェ以外の国においては、つぎつぎと失われて行くように思われたのである。特に、フィレンツェにとっての直接の脅威であった北の大国ミラノとの抗争は、フィレンツェ人の市民意識を強く刺激した。ミラノは典型的な専制君主国家である。そのミラノとの戦いは、専制君主に対する人間的「自由」の擁護を意味していた。サルターティに始まる人文主義政治家たちが繰り返し強調したのは、フィレンツェはカエサルの登場以前から共和国であり、したがって共和制ローマの唯一の正統な後継者だということであった（その認識の歴史的当否はいささか問題であるとしても）。ミラノ公ジャンガレアッツォ・ヴィスコンティが、その強力な軍事力にものを言わせて、ルッカ、ピサ、シエナ、ボローニャなど、フィレンツェを取り巻く周辺の町を片端から手に入れて行った時、フィレンツェ人たちの「徹底抗戦」の意識を支えたのは、まさしく共和制的自由擁護の使命感であったと言ってよい。この時の危機は、幸いにも、一四〇二年九月、ジャンガレアッツォの突然の死によって回避された。もし本当に戦争が続いていたら、本来は公証人であり、学者でしかなかった宰相を指導者に持っていたフィレンツェが、傭兵隊だけでミラノ軍の進撃を支えきれたかどうか、すこぶる疑わしい。その意味では、一五世紀前半のフィレンツェは、きわめて幸運であった。半島内の抗争による危機は、その後何度か訪れたが、そのたびに、フィレンツェは、軍事力に頼らずに危機を切り抜けた。ナポリ王のラディスラスが教皇領に進出して南の方からフィレンツェを脅かした時に「危機」を救ってくれたのは、やはりラディスラス王の死であり、ジャンガレアッツォの後継者フィリッポ・マリア・ヴィスコンティのミラノが再びトスカナ諸国を制圧した時、その野望をくじいたのは、ヴェネツィアとの軍事同盟であった。この間、フィレンツェは、学者宰相をいただきながら、ずっと共和制を維持することができた。

政治の舞台から退場

フィレンツェのその共和制が実質的に崩壊するのは、外部の圧力によってではなく、むしろ内部からであった。すでに述べたように、サルターティの後、ブルーニ、マルズッピーニ、ポッジオ・ブラッチオリーニという人文主義者たちが、相ついで共和国最高評議会の議長であった。彼らはいずれも、当時における最高の「学者たち」であった。ところが、一四五八年、ポッジオの後を継いだベネデット・アッコルティは、単なる事務官吏に過ぎなかった。それに続いて、一四六四年にこの職についたバルトロメオ・スカラは、「人文主義者」どころか、メディチ家の手代として知られているだけの存在である。

だいたい、この最高評議会議長という職ほど、正体のつかまえにくいものはない。すでに述べたように、それは表向き共和国を代表する存在であって、いわば国家元首である。他国に対する共和国政府の公式の文書は、すべてこの評議会議長の名において出される。しかし、実際の政治上の実権は、意外なほど弱い。個人に権力の集中することを嫌ったフィレンツェでは、政府の最高職といえども何の決定権もなく、重要事項は、すべて評議会メンバーの合議によらなければならない。その意味では、ただの飾りに過ぎないと言うこともできる。賢明なレオナルド・ブルーニは、その辺の事情をよく心得ていて、与えられた役割だけに徹しようとした。もともとフィレンツェ市民ではなく、立派な家柄の出身でもない「他所者」のブルーニが、一七年にもわたってこの形式的には共和国最高の地位にとどまっていることができたのも、そのためであった。しかし、それではまったく名目だけの無力な存在かというと、必ずしもそうとは言い切れない。やり方によっては、実質的に大きな力を発揮することができる。何しろ政府最高機関であるこの評議会は、議長を除いて全員が二ヵ月ごとに交替するのである。議長に決定権がなく、すべて合議で決まると言っても、目まぐるしく交替する評議会メンバーは、実際の政治運営についてはしばしば無知であり、議長の意志を自己の意志とする者が少なくない。少なくとも、評議会での合議に際して、議長の意見は他のメンバーから特に重要視される。そればかりでなく、前に述べたように議長の職務のひとつに、評議会メンバーの候補者リストの作成がある。資格ある市民なら誰でも交替で政治に参与することができる、という共和制の建前を徹底させていたフィレンツェでは、議長の準備した候補者リストの順に、機械的にメンバーが交替することになっていた。したがって、表向き人事権のまったくない議長が、その気になれば、実質的に評議会メンバーを選ぶことができる。もちろん、同じ人を繰り返しリストに

ギルランダイオの描いた学者たち。左から，クリストフォロ・ランディーノ，マルシリオ・フィチーノ，アンジェロ・ポリツィアーノ，ジェンティーレ・デ・ベッキ。サンタ・マリア・ノヴェラ聖堂の壁画より

載せることはできないが、たとえば重要な決定が予定されている評議会に自分の仲間を加えることは、きわめて容易である。これを巧みに利用したのがメディチ家である。

一五世紀の後半、コジモの息子のピエロ、そしてそのまた息子のロレンツォ（イル・マニフィコ）の時代に、メディチ家が実質的にフィレンツェの支配者となった秘密のひとつは、ここにあると言える。ロレンツォの時代でも、フィレンツェはもちろん「共和国」であり、ロレンツォは形の上では単なる一市民に過ぎなかった。だがロレンツォは、評議会を巧みに操縦して、実質上の君主となり得たのである。

その頃、学者たちの方にも大きな変化が起きた。これもメディチ家の政策によるものであるが、学者たちは「公職に従事する」者であるよりも、「有力者の保護を受ける者」になったのである。事実、一五世紀後半の優れた人文主義者たち、たとえば、プラトンの翻訳者として名高いマルシリオ・フィチーノや、詩人哲学者のアンジェロ・ポリツィアーノや、ダンテの註解者クリストフォロ・ランディーノなど、いずれもメディチ家の保護を受ける身であった。このようにして、ロレンツォの周囲に、ほとんど君主制国家の宮廷文化に近いようなものが生まれた。もちろんそれは、「共和制」の理想からは遠いものであったから、メディチ家の「独裁」に対する反発も強かった。実を言えば、後のサヴォナローラの登場には、メディチ家に対するこの反発が有力な背景としてあった。その問題は別の機会に譲るとして、共和国代表の要職を勤めたブルーニから、衣食住すべてをメディチ家に依存していたフィチーノまで、学者たちの社会的あり方の変化は、そのまま政治の世界における共和制から実質的君主制への変化と表裏一体をなしている。もちろん、そのことと、ブルーニやフィチーノの「学者」としての業績の評価とは、まったく別の問題であることは言うまでもない。

7 占星術

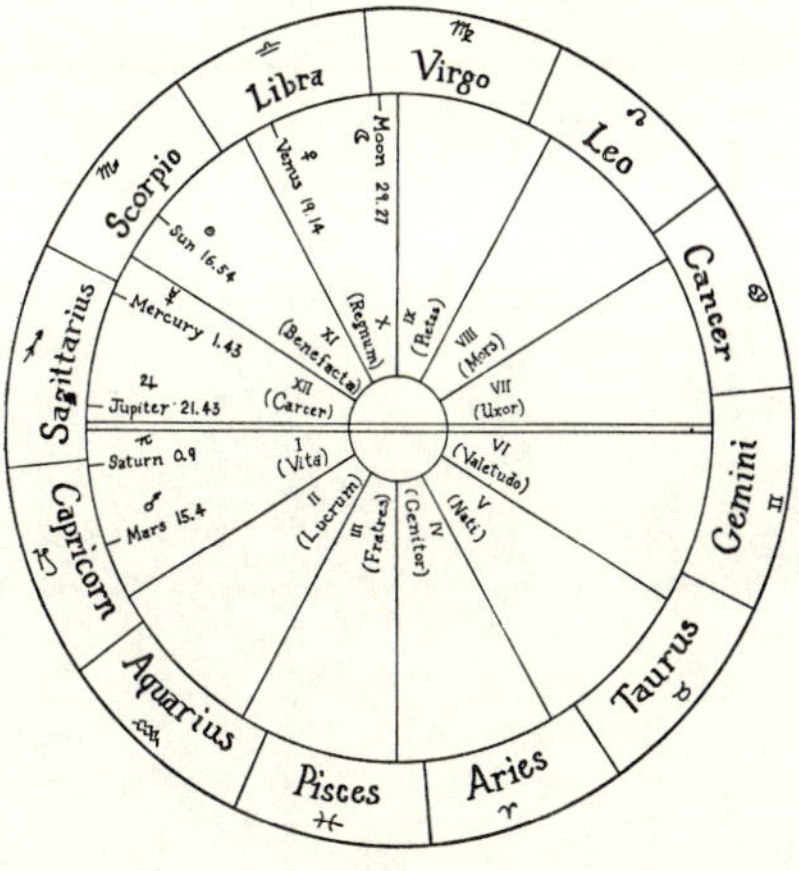

Libra
Virgo
Leo
Cancer
Gemini
Taurus
Aries
Pisces
Aquarius
Capricorn
Sagittarius
Scorpio
Moon 29.27
Venus 19.14
Sun 16.54
Mercury 1.43
Jupiter 21.43
Saturn 0.9
Mars 15.4
IX (Aetas)
X (Regnum)
XI (Benefacta)
XII (Carcer)
VIII (Mors)
VII (Uxor)
VI (Valetudo)
V (Nati)
IV (Genitor)
III (Fratres)
II (Lucrum)
I (Vita)

ポリツィアーノ出生の謎

ロレンツォ・デ・メディチの周囲に集まった学者、文人たちのなかに、アンジェロ・ポリツィアーノという詩人がいる。イタリアのモンテプルツィアーノ出身で、この町の人びとは今でも「ポリツィアーノ」と呼ばれているというから、村の名前がそのまま姓になってしまった例で、決して名家の出ではない。もちろん、ロレンツォの保護を受けた一人だが、同時に、ロレンツォに依頼されて、メディチ家の息子たちの家庭教師をもしていた。古典古代の文学について素養の深い人文主義者でもあったから、この役目は、彼にふさわしいものだったと言えるだろう。

彼の肖像が、同じようにメディチ家の保護を受けていたマルシリオ・フィチーノや、クリストフォロ・ランディーノなどとともに、サンタ・マリア・ノヴェラ聖堂の壁にギルランダイオの手によって描き残されていることはすでに触れたが、そのほかに、サンタ・トリニタ聖堂のサッセッティ礼拝堂にも、同じようにギルランダイオの筆になるもうひとつの肖像画が残っている。聖フランチェスコの生涯を主題とした連作壁画のひとつ《宗規の確認》の画面で、聖フランチェスコがその仲間の人びとといっしょに、教皇ホノリウス三世から正式に教団の認可を受けているところへ、ちょうど地下室から今上って来たという感じで、詩人がメディチ家の息子たちや友人を従えて悠然と現われる構図である。もちろん、これは時代錯誤もはなはだしいと言えば、その通りであろう。フランチェスコ教団の認可は、ロレンツォ・イル・マニフィコの時代より二世紀半も昔のことである。しかし、階段を上って来るポリツィアーノの前に立っている四人の人物の一人は、ほかならぬロレンツォその人であり、本を手にしたポリツィアーノのすぐわきにいてこちらを見ている愛らしい少年は、ロレンツォの三男ジュリアーノである。さらにその後に、長男のピエロ、次男のジョヴァンニの姿も見える。つまり詩人は、自分の弟子たちといっしょにこの場に登場して来ているのである。

しかし、そのような「時代錯誤」的表現が今問題なのではない。このように過去と現在をひとつに重ね合わせるのは、ルネッサンスのいわば常套手段のひとつだが、ここで問題にしたいのは、そのポリツィアーノの生涯にまつわるひとつの謎である。

メディチ家周辺の重要な文学者の一人であり、ボッティチェリの《春》に霊感を与えたと言われる長編詩『ジョストラ』（騎馬試合）の詩人として、美術史上でも文学史上でも高名なこのポリツィアーノは、それだけに多くの研究者の興味を呼んで、伝記や研究書も少なからず出ているが、伝記に関する最も基本的事実のひとつである筈のその生年月日について、いささか奇妙な問題が出されている。生年月日がわからないというのではない。むしろその逆で、わかり過ぎている点が問題なのである。つまり、はっきり言うと、彼の生年月日は、現在のところ二つあって、どちらが正しいのか、あるいはどちらも間違っているのか、はっきりした結論は出ていない状態なのである。

それも、二つの説があってお互いに争っているというのなら話はまだわかるが、そうではなくて、どちらの説も、そんな問題があるとは夢にも思わず、つい最近まで、両説がきわめて平和に共存していたのだから、世界の学界においても、珍しい出来事と言わねばならないだろう。

この奇妙な事実に最初に気づいたのは、バーミンガム大学のフィリップ・マックネア教授である。同教授は、その実例として一九六〇年代に刊行された二つの、いずれも学問的に高く評価されている研究書を挙げている。ひとつは、トリエステ大学のブルーノ・マイエル教授が一九六九年に刊行したポリツィアーノ詩集で、それにつけた伝記のなかで、マイエルは、詩人の生年月日を、何の疑問もなく、一四五四年五月五日と断定している。もうひとつは、それより三年早く、一九六六年に、ソルボンヌのイダ・マイエル女史——たまたま名前が同じだからややこしいが、関係はない——が発表した『アンジェロ・ポリツィアーノ、人文主義詩人の形成』と題する浩瀚な研究書で、そこには、同じように断定的に、ポリツィアーノは一四五四年七月一四日に生まれたと書かれているという。

こうなると、二人の学者がそれぞれ自信をもって述べている日付が、いったいどういう資料に基づいているのか、知りたくなるのが人情というものである。トリエステのマイエルが編纂した詩集というのは私は知らないが、パリのマイエル女史の本は以前から随分お世話になっている。早速引っ張り出して見てみると、成程たしかに七月一四日となっているが、その根拠については何も触れていない。トリエステのマイエルは、すでに一九五六年にポリツィアーノについての評伝を発表しており、そこでも五月五日説を述べているのだが、マイエル女史の方はそのことに気づいた様子はないし、トリエステのマイエルはもちろん女史の本を知っていたに違いないが、それより三年後に出された詩集でも依然五月五日説で、何の説明もないという。つまりは、どちらも相手の研究を知っていた筈であるのに、日付の食い違いには気づかなかったということになる。気がついていれば、註で触れるなり、自説の根拠を示すなりするのが当然だからである。結局二人のマイエルは、異説があることなど気づかず、ごく当然のように「定説」を述べたに過ぎない。「定説」だから、今さら改めてその理由や根拠を述べる必要はない。ただたまたま、二つの「定説」があったわけである。

このことに気づいたフィリップ・マックネアは、ほかの著名なポリツィアーノ学者にいろいろきいてみた。ところが誰も、そんな問題があろうとは思ってもいなかったと答えたという。誰も彼も、五月五日か七月一四日かのどちらかを「定説」と信じて安心していたというのである。

そこでマックネアは、それぞれの説の源泉を自ら探ってみようとした。主要な文献を、ずっと歴史を遡って調べてみようというわけである。こういう問題になると、日本にいてはまったく手も足も出ない。戦後の主要な文献でさえ、果してどれくらい揃っているか、お寒いかぎりである。まして一七世紀とか一六世紀の文献となると、あったら不思議みたいなものである。そこで、ここでは単にマックネアの調査結果を紹介するしかないが、それによると、五月五日説も七月一四日説も、いずれ劣らぬ大物の支持者がいるが、五月五日説は、最も古い文献が一九一七年刊行のもので、それ以前にはないという。これに対し、七月一四日説の方ははるかに歴史が古く、一六世紀まで遡ることができる。すなわち、パヴィア出身の数学者で占星術師のジェロラモ・カルダーノ(一五〇一―一五七六)が一五四七年にニュールンベルクで刊行した『誕生運命百選』のなかに登場して来る。これは、題名の示す通り、百人の著名人の運命をその誕生日によって占った占星術の書であるが、ポリツィアーノもその一人に選ばれている。そして、この本がおそらくポリツィアーノの誕生日が文献上明記された最初であり、その後の人びとは、もっぱらこれを典拠として七月一四日を彼の誕生日としたというのである。

とすれば、歴史の古さから言って、七月一四日説の方が断然優勢であるように見える。ただ、カルダーノの書き記しているところを一〇〇パーセント信頼できるかと言えば、そこに問題がないわけではない。カルダーノは、かのノストラダムスよりわずか二歳年上、すなわちまったくの同時代人で、数学、物理学、占星術に優れ、古今の著名人百人の運命を占星術の原理から解いたその著書は、広く読まれたものであったらしい。そのなかにはキケロのような古代人もいれば、エラスムス、ルター、デューラーのような、当時においてはきわめて身近と感じられたに違いないような人びともいる。あるいは、皇帝カール五世や教皇パウルス三世のような権力者も忘れられてはいない。このような人びとの運命が星の運行によって明らかにされていると聞けば、今日でもちょっとどんな本か覗いてみようという気になるだろう。まして当時は、占星術は数学や物理学と並ぶ立派な科学である。多くの人びとが、その「科学」の説くところを知りたいと思ったとしても不思議はない。

しかし、カルダーノがその占星術にどうしても必要なデータであるそれぞれの人の誕生日を、どこから仕入れたかということが問題である。同時代人なら本人から聞く――それにしてもつねに確実とは言えないが――ということがあるだろうが、カルダーノが正式に占星術を行なうようになった頃には、すでにポリツィアーノは世にない。誰から情報を得たかということはまったく推測の域を出ないが、誰からであるにせよ、それが額面通り受取ることのできないものであることは、カルダーノの本を見ただけで明らかである。というのは、そこには、ポリツィアーノの生年月日のみならず、生まれた時刻まで、次のように正確に（!）記されているからである。

「アンゲルス・ポリティアヌス――一四五四年七月一四日一時二八分一二秒」

どうやって計ったのか知らないが、これでは、誰しも首を傾けたくなるだろう。一五世紀中葉においては、どんな時間にせよ、秒単位で計る手段はなかった筈である。

もっとも、占星術というのは、基本的には、ある人の生まれた瞬間における天体の配置が、その人の生涯の運命を左右するという考え方であるから、「生まれた瞬間」を正確に決めなければ、話は進まない。何時間か食い違えば、天体の配置はすっかり変ってしまうのである。厳密なことを言えば、それは刻々に変っている。したがって、できるだけ精密な誕生時間を求めようという努力は、占星術が生まれた時からあった。ルネッサンス時代においては、「生まれた瞬間」とはいったいどの時点を意味するのかについて、1—子供の頭が胎外に出た時、2—同じく脚が胎外に出た時、3—臍の緒を切った時、4—最初に産声を挙げた時、という四つの解釈があってお互いに譲らず、四つの流派が生まれたほどである。しかし、そのどの解釈を採用するにしても、現実にその「瞬間」が計れなければ意味はない。秒まで測定することのできる時計が一般化するのは、ガリレオが例の振子の等時性を発見してから半世紀以上もたった一七世紀後半のことであり、それほど厳密なことを言わないでも一応秒まで計れるという仕掛けの時計でさえ、現在知られている最も早いものが一六世紀中頃、つまりポリツィアーノの誕生より百年も後なのである。

もっとも、一時間を六〇等分したものを「分」とし、一分を六〇等分したものを「秒」とするという理屈は、中世においてもすでにわかっていた。この六〇進法による時間区分は、バビロニア人の発明だというが、西欧中世はそれを受け継いだわけである。現在西欧の各国における「秒」の名称は、英語の「セコンド」に見られるように、ラテン語の「セクンダ」から来ている。同じ英語でも、野球用語だと「セカンド」というが、いずれも皆同じで、もとは「二番目」の意味である。「一時間」を六〇に分割したもの（現在の「分」）は、中世においては「ミヌータ・プリマ」（最初にこまかく分けられたもの）と呼ばれ、その一単位をさらに六〇に分割したものは「ミヌータ・セクンダ」（二度目にこまかく分けられたもの）と呼ばれた。この最初の「ミヌータ」が「分」となり、「セクンダ」が「秒」となったわけである。

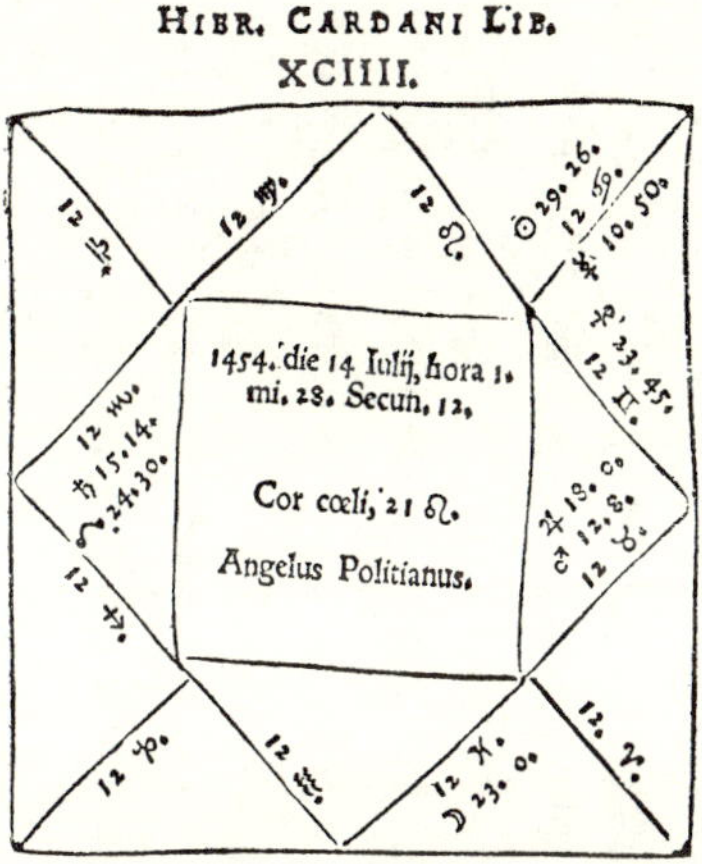

カルダーノの作ったポリツィアーノの占星図。中央の四角の枠の中に，ポリツィアーノの生年月日と誕生時刻が記されている

なお、序でに言えば、この中世からの「ミヌータ・プリマ」は、現代イタリア語においてもまだ生き続けていて、たとえば、

イタリアのテレビを見ていると、スパゲッティの賑やかなCMか何かの後で、「ソーノー・レ・オーレ・セッテ・エ・トレ・ミヌーティ・プリーミ」（只今七時三分過ぎです）というアナウンサーの声が聞こえて来たりする。

それにしても「……一二秒」というのはいかにもわざとらしい。今日にしたって、そこまで正確に測れることは稀であろう。しかも、カルダーノの『誕生運命百選』のなかで、誕生時間が秒単位まで記載されているのは、このポリツィアーノの場合だけであるという。この「……一二秒」は、原語ではSecun.12. となっているのだが、そこでフィリップ・マックネアは、このSecun. は、「秒」を意味するSecunda の略ではなく「……の後の」の意味のSecundum を表わすのではないかとも考えた。とすれば、「一時二八分一二秒」ではなく、「一二時の後の一時二八分」、つまり「午後……」という意味になる。この解釈は、一応もっともらしいが、やはり無理であるらしい。第一に、カルダーノの著作をずっとあたってみると、Secun. という省略はつねに「秒」を意味していて、その他の場合がないこと、第二に、午後の時間を表わすのは、一般に二四時間制で、「一三時」とか「一七時」という言い方か、あるいは、現在でも生きているp.m.（post meridiem）が用いられていることがその理由で、そうだとすれば、やはりこれは、「一二秒」を表わすものとしか読めなくなる。このあたり、古い文書の読み方の難しさをよく示していると言えるであろう。

だが、これが「一二秒」だということになれば、当然それは誰かの創作であろう。フィリップ・マックネアは、その「犯人」をカルダーノ自身であろうと推測し、その理由を、上記の世界で最も早い秒測盤付き時計の登場と関連があると考えている。事実、この時計が作られたのは、カルダーノの本が刊行されたのと同じニュールンベルクにおいてであり、時期もほぼ同じ頃だからである。しかし、マックネア自身も認めている通り、これはあくまでも「推測」であって、それを裏付ける資料は今のところ何もない。これも無論「推測」だが、もしかすると、この「正確な」誕生時間を「算定」したのは、御本人のポリツィアーノ自身であったかもしれない。

というのは、ポリツィアーノがその仲間の一人であったフィレンツェの人文主義者たちのあいだでは、この占星術が一種の「知的遊び」として流行していたからである。

マルシリオ・フィチーノを中心とするいわゆるフィレンツェの「プラトン・アカデミー」のことについては、今ここで特に改めて述べるには及ばないであろう。ただ、一般に「ネオ・プラトニズム」という名称で呼ばれるその思想動向が、決して単に今日の哲学にかぎられるものではなく、文学はもちろんのこと、数学や天文学など、現代では自然科学に属する分野まで含めた、いわば百科全書的な拡がりを持っていたことだけは、指摘しておく必要がある。フィチーノ自身、占星術には深く興味を持っていて、自ら「土星の子」をもって任じていた。パオロ・ジョヴィオの語るところによると、フィチーノは、「大変権威のある占星術師」であって、メディチ家のロレンツォ・イル・マニフィコの息子ジョヴァンニの運命を占って、他日彼が教皇になるであろうと予言したと伝えている（事実その予言は実現された）。彼はまた、自分自身の運命も占ったというが、残念ながらその記録は残されていない。しかし、フィレンツェの国立文書館には、フィチーノと並ぶネオ・プラトニスムの大立物、ジョヴァンニ・ピコ・デラ・ミランドラの占星図が残されていることを、オスカー・クリステラーが紹介している（「ピコ・デラ・ミランドラとその資料」『人文主義の歴史におけるピコ・デラ・ミランドラの作品と思想』――フィレンツェ、一九六五年刊）。この占星図を作ってピコの運命を占ったのは、友人のジロラモ・ベニヴィエニであるが、そのベニヴィエニ自身の占星図もやはり残されているという。つまり、「プラトン・アカデミー」の仲間たちは、その知的交わりにおいて、しばしば、お互いの運命を占ったり、占星術について論じたりしていたのである。

メディチ家と深い関係にあったポリツィアーノの場合も、当然仲間たちとそのような話をしたに違いないし、おそらくは、誰かに占星図を作って貰ったであろう。その際、誕生日（時間）は本人にきく以外にないであろうから、ポリツィアーノ自身が、自分で秒単位までの誕生時間を決めたということは、充分考えられるのである。

この推測は、実は間接的ながら多少の裏付けを持っている。『誕生運命百選』において、カルダーノは、それぞれの人の誕生日に基づいて自分で占星図を作っているのであるが、何人かの人物の場合には、すでに（他人によって）作られていた占星図を利用したと述べている。そして、ポリツィアーノの場合もその一例なのである。その占星図を作ったのが誰であるか、それがいつ、どういう経路でカルダーノの手にはいったかということは何も述べられていないが、カルダーノ以前にすでにポリツィアーノの占星図が作られていたとすると、それを作ったのは「プラトン・アカデミー」の仲間の一人であると考えてまず誤りがないであろう。

もちろん、もしそうだとしても、本人の証言だからその誕生日（時間）が事実その通りだということにはならない。というよりも、この点に関して絶対に「証言能力」のない人が誰かいるとすれば、それは本人である。たとえポリツィアーノ自身がそう言ったとしても「……一二秒」というのはとても信用できない。とすれば、「分」だって「時間」だって怪しいということになるだろう。では誕生日の方はどうかということにもなりかねないが、しかし、ほかに決め手がない以上、現在のところは、最も古いデータであるこのカルダーノの著書の日付を一応彼の誕生日と考えざるを得ないのである。

占星術のやり方

『ジョストラ』の詩人のことはそれでよいとして、一般に占星術（星占い）が、どのようなやり方で行なわれていたか、を簡単に述べておこう。

原理的に言えば、それは二段階の作業から成る。第一は、ある人の誕生時における天球および天体（太陽、月と五惑星）の位置を決定することであり、第二は、それに基づいて運命を解釈することである。

第一の作業は、占星術が天文学と結び付く部分である。今では、占星術などと言うと、迷信に近い、いい加減なものと思われかねない雰囲気があるが、少なくともルネッサンス期においては、それは合理的な「科学」であり、占星術が天文学の発展に少なからず貢献したのである。何しろ、古今の人物の誕生の時の日月星辰の位置を再現しようというのだから、ごく大ざっぱにせよ、天文学の基本的知識がなければできることではない。それも、ある与えられた日時における天空の状況を再現するだけではなく、それにさらに、地上の場所（誕生地）による修正を加えなければならない。同じ日、同じ時間に生まれた人は全部同じ運命を背負うというのは具合が悪いから、占星術は、それを生まれた場所の違いで説明しようとする。事実、地球上から見る天空の状況は、地上の位置が違えば当然違う筈である。そういうこまかい計算が、実は占星術師の腕の見せ所で、プロのプロたる所以である。いったん天球や惑星の位置が決まってしまえば、解釈の方は、もっともらしいことを言うにせよ、誰にでもできる程度のことだからである。ひとつ例を挙げよう。

運命を占うべき人の誕生日（時間）がわかって、その時の天空の状況が決まると、占星術師は、それに基づいて、その人の占星図を作る。普通にホロスコープと呼ばれているものである。ルネッサンス期においては、このホロスコープは、カルダーノの本の中のポリツィアーノのそれのように、四角い図で表現されるのが一般であった。中央の小さい四角の周囲に、一二個の三角形が配置されているが、これがいわば「天球」であって、一二の三角形は一二の座（宮）を表わす。その中の然るべき場所に、太陽、月、および水星、金星、火星、木星、土星が置かれる（天王星、海王星、冥王星はまだ発見されていない）。

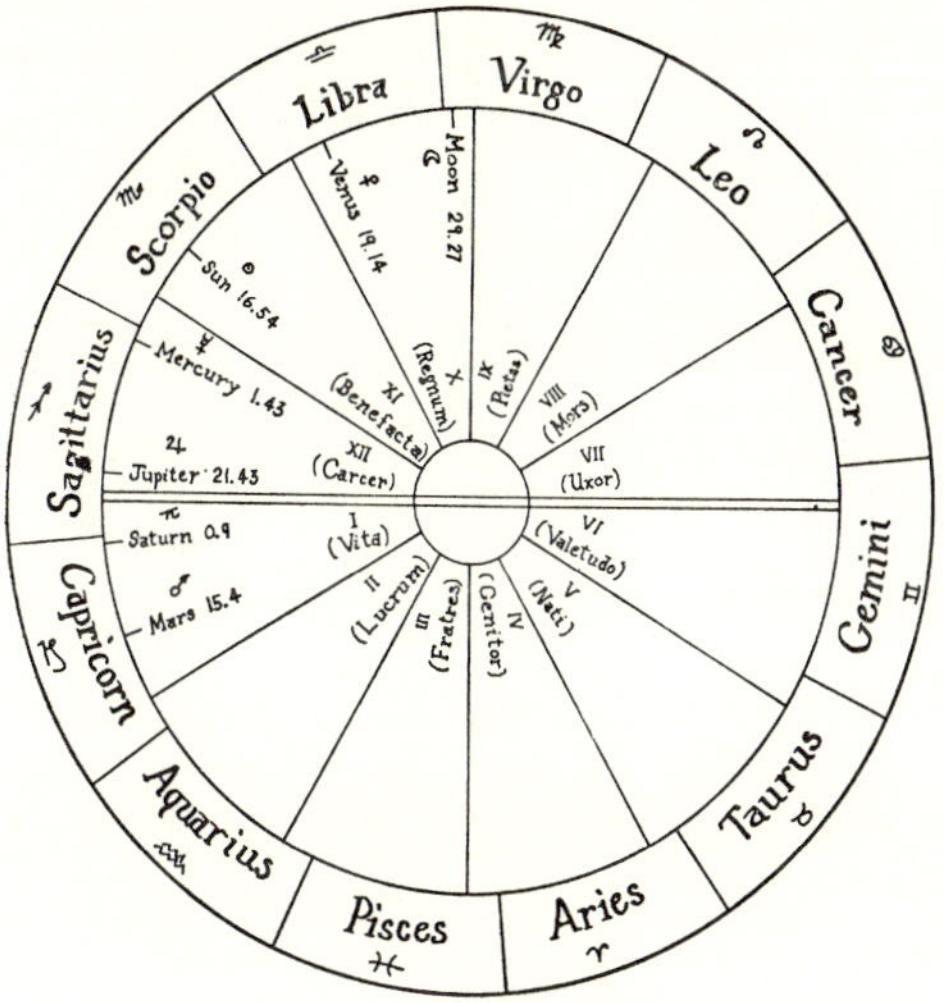

エドワード７世の占星図

　四角と三角の組み合わせでは、いささかわかりにくいので、これを現代風に円形の図式で表わすと、上の図のようになる。これは、バークレー大学のウェイン・シュメイカー教授の『ルネッサンスのオカルト科学』(カリフォルニア大学出版部、一九七二年刊) から借りたものである。

まず外側に、ドーナツ状の帯があって、一二の区画に分けられているが、これが天の一二の座(宮) に相当するもので、太い字体で名前がはいっている。すなわち、向って左横、時計の文字盤で言えば九時にあたるところに Sagittarius とあるが、これが射手座である。そこから右廻りに、さそり座、天秤座、乙女座、獅子座、かに座、双子座、牡牛座、牡羊座、魚座、水瓶座、山羊座と並ぶ。中の円の中央に真横に二重に引かれた線が地平線で、この図では、今ちょうど射手座が上りはじめたところというわけである。

内部の円は、ちょうどパイかケーキを切ったように一二の扇形に分けられ、ⅠからⅫまでローマ数字で番号がついていて、たとえばⅠのところには〈Vita〉と説明がついている。この扇形は個人の運命のさまざまの領域を示すもので、Ⅰは、性格、外貌、幼年時代などを支配する。同様に、Ⅱはお金と財産、Ⅲは家族、Ⅳは両親や子供の時の環境、Ⅴが創造活動、性生活、子供(自分の) など、Ⅵが健康と仕事、Ⅶが結婚、友人、Ⅷが死、事故など、Ⅸが精神的活動、旅行など、Ⅹが職業、地位、Ⅺが理想、価値、Ⅻが悲運、病気などの領域となっている。この一二の扇形が周囲の天球と接するところに、太陽、月、および五惑星のこの時の位置が描きこまれる。たとえばここでは、月は乙女座の位置にあり、金星は天秤座、太陽はさそり座、水星と木星が射手座、土星と火星が山羊座にいるというわけである。

このように天体の位置決定ができ上がると、後は解釈である。この解釈にもいろいろと複雑な原理があって、たとえば、二つの星が近くにある時はお互いに影響力を強め合うが正反対の位置にある時は打ち消し合うとか、それ以外の位置関係では、一二〇度離れている時は「良い関係」、六〇度の時は「やや良い関係」、九〇度（直角）の時は「悪い関係」であるとか決められている。ここに掲げた図の例で言うと、時計の文字盤で言えば一二時のところに月があり、九時のところに木星があるから、この場合、月と木星は「悪い関係」である。また、太陽、月、五惑星は、それぞれ自分の「家」を持っていて、その「家」にいる時は、影響力が一段と強くなる。太陽の「家」は獅子座であり、月の「家」はかに座である。以下同様に、土星は山羊座と水瓶座、木星は射手座と魚座、火星はさそり座と牡羊座、金星は天秤座と牡牛座、水星は乙女座と双子座が「家」である。五惑星に「家」が二つずつあるのは、昼と夜とで違うためで、上の例では、二つのうち前者が昼、後者が夜の「家」である。

それぞれの星の影響力の内容は、ギリシア・ローマ神話を思い出していただけば大体見当がつく。たとえば金星はヴィーナスの星だから言うまでもなく恋愛を司り、木星（ジュピター）は権力、水星（マーキュリー）は学問、知識を支配する。図の例で言えば、木星は射手座に、金星は天秤座に、すなわち、どちらも自分の「家」にいるから、このホロスコープの持主は、権力と愛情生活は保障されているということになる。
天球の一二の座もそれぞれに特性を持っている。たとえば射手座は明るく陽気で、人間の身体のなかでは腿を支配する。ほかの座も、それぞれ特性と支配領域を持っているから、それと惑星との組み合わせで、またいろいろ解釈が可能である。実例として、ここに掲げたホロスコープの解釈を一部次に訳出してみよう。この占星図は、イギリス国王エドワード七世のもので、その解釈は、クリストファー・マッキントッシュの『占星術師とその信条』(一九六九年刊)から前記シュメイカーが引用したものの孫引きである。

「……ここでは、射手座のしるしがいくつかの理由により特に強い。第一に、それは上昇する位置にある。第二に、その座の主である木星が今そこにいる。第三に、木星のほかに水星もいるので、この座はさらに強められている。この上昇する射手座の力は、この場合、さそり座にいる太陽よりも強い。事実、エドワード王においては、射手座の性格がことのほか強く見られる。彼は、あけっ広げで、快活で、陽気である。その陽気さは、当然予想され得るように、時には通俗なまでにいたる。太陽がさそり座にいることは、賑やかな外観の奥に感じ易い気質があり、意志が強く、感情の起伏も激しく、攻撃的で、また愛情生活においても情熱的であることを示している。彼の愛情生活は、金星が自分の家である天秤座にいるという事実によって、いっそう強められている……。

二つの最も強い惑星である木星と土星が、ここではともに、月に対して直角の位置にいる。直角という関係は、苦難と闘争を表わす。そして月は、しばしば母親その人を意味する。すなわちこの図では、本人はその母親ときわめて難しい関係にあったということが強く示されている——事実、エドワード王の場合はその通りであった。

一般的に言って、これはきわめて強い運の図であり、王たる人にふさわしいものである」

このような解釈が、いったいどこまで信用できるか、もちろん人によっていろいろ意見があるであろう。エドワード七世の場合、あまりにもうまくでき過ぎているという気がしないでもないが、現在なら、大部分の人はそれを単なるお遊びととって何も言わないであろう。だが、実際にあたっているかどうかは別として、ルネッサンスの人びとが、このような星占いを堅く信じていたという事実は重要である。人びとは、一五〇〇年には世界の終末がやって来ると本気で信じていたと同じように、この星のお告げも信じていたのである。そのことは、ルネッサンスの精神的風土に、特異な色合いを与えずにはおかないのである。

8

人相学——四性論と動物類推

i

基礎的教養としての「人相学」

「眼《まなこ》、右側に片寄りたるは心健全ならず、狂気に近き相、左に片寄りたるは放蕩を好む相也。両つの眼《まなこ》交わりて、あたかも鼻を眺むる如きは、ヴィーナス神の秘事、愛の語らいに長《た》けたるしるし也……。

鼻の先の肉薄きは、怒りに身を任せ易き性《さが》、肉厚く押しつぶされたる如きは、正しからぬ心情の持主を示す……、上向きにやや反りたる鼻は、行い、心性の正直なる者、真直に長きは口の軽き者、鋭く尖がりたるは怒り易き者……。小ささは卑しく貪欲なる者の確かなるしるし也。また鼻孔大きく開きたるは心勇《た》けく、力強き者の相にして、狭く丸きは人と馴染まず、狂者の気あるを表わす。鼻筋斜めに捩れたるは、心情もまた捩れたると知るべし……」

この一文は決して、その辺の某易断の種本などから写したものではない。れっきとした芸術理論書からの引用である。もっとはっきり言えば、ルネッサンス時代、イタリアはパドヴァの彫刻家、ポンポニウス・ガウリクスがラテン語で書いた『彫刻論』*De Sculptura*（一五〇四年）の一節である。

この『彫刻論』は、初心者のために書かれたいわば彫刻入門書であるが、その中で、「シンメトリー」、「遠近法」等の美学論や技法解説の章と並んで、「人相学」という一章がかなりの頁数を占めている。冒頭に引いた文章はその中のほんの一節に過ぎないのだが、その内容の当否はともかくとして、当時の極めて真面目な芸術理論書にこのような文章が見られるというその事実が、われわれにとっては極めて重要なのである。というのは、そのことは第一に、人間の外貌とその性格との関連を追求したいわゆる「人相学」が当時広く行なわれていたことを示し、第二に（さらに重要なことであるが）その人相学が芸術家にとって必要な教養のひとつと考えられていたことをはっきりと物語っているからである。

事実この時代には、古代から伝えられた「人相学」の伝統は、改めて強い興味で見直されるようになっていた。その主要な拠りどころとなったのは、ひとつはアリストテレスの権威であり、もうひとつは、根は同じ古代にありながら、アラビアの学者たちによって発展させられた東方世界の伝統である。今日では偽書とされているが、長いことアリストテレス自身の手になるものと信じられていた『人相学』は、ルネッサンス時代においてはやはり大きな権威であったし、そのアリストテレスに基づいて書かれたアプレイウスの(作と信じられていた)ラテン語の『人相学』や、ギリシア語のアダマンティウスの同じ題名の本などは、ルネッサンスの人文主義者たちのよく知るところであった。現に、冒頭に引いたガウリクスの『彫刻論』の一節は、ほとんどそのまま、アダマンティウスからの借用である。一方、アラビア経由の人相学は、時に占星術やオカルト思想とも結びつきながら、中世末期から次第に西欧世界に入り込むようになった。一五世紀末のフィレンツェを大きく揺るがせたあのドメニコ派修道僧ジロラモ・サヴォナローラの伯父にあたる医者のミケーレ・サヴォナローラは、占星術に深い興味を抱いていたと同時に、『人相学』一巻の作者でもあり、それまでに伝えられて来たさまざまの伝統をひとつに集大成しようとした。そのことは、「人相学」が、単なる好奇心やお遊びではなく、もっと真面目な知的関心に基づいていたことを物語っている。もちろん、医者と言っても、当時の医術は多かれ少なかれ占星術と結びついていたし、かなり怪しげな部分もあったが、ミケーレは、ともかくも「人相学」を一般的な医学的原理に還元しようとしているからである。そしてそこには、占星術の場合と同じように、いささか眉唾の面と、近代科学につながっていく面とがあったのである。

もともと、「人相学」の基本問題は、肉体と魂の関係である。容貌上のある特質が内面の性格と深く結びついているという考え方がその出発点だからである。そして、もしそうだとすれば、ある人の性格はその行動を規定するから、多少拡大して考えれば、それはその人の運命とも結びつく。「人相学」が運命の予言を可能ならしめてくれるのである。

このことは、ルネッサンス時代の芸術家にとっては、きわめて役に立つことであった。名のみ有名で肖像の伝わっていない古代の英雄や偉人を絵画や彫刻で表現する時、どのような容貌にしたらよいか、教えてくれるからである。逆に言えば、たとえばある聖者の物語を描く時、その聖者の顔は、その性格、運命と「人相学的」に一致したものでなければならない。ガウリクスが『彫刻論』のなかにわざわざ「人相学」という一章を加えたのも、そのような実用的意味があったからである。

もっとも、ものものしく「人相学」と言っても、その原理は比較的単純である。細かい議論はいろいろあるが、大きく分ければ、その「学問的」根拠は、古代以来受け継がれて来た四性論、ないしは気質論と、動物類推の二つに集約できるであろう。しかし、その四性論や動物類推は、また風土論や占星術とも結びつくので、それだけですでに百科全書的性格も持つことになる。そして、芸術家もまた人文主義者であることを要求されたこの時代には、「人相学」は芸術家の必須の教養でもあった。一六世紀前半、サルヴィアーティがヴェネツィアのサン・マルコ聖堂付属図書館の天井に《芸術と人相学》を描いたのは、決してただの気紛れではなかったのである。

しかし、ルネッサンスの芸術家たちのうちで、特に人相学に強い興味を示したのは、レオナルドとデューラーであったろう。レオナルドのあの「グロテスク」頭部のデッサンは、造形的探求であると同時にまた人間の性格研究でもあったし、デューラーは、生涯を通じて人相学に興味を抱き続けた。特にデューラーの場合は、同時代の他の芸術家たちには見られない二つの理由から、人相学との関係を解明することが彼の芸術理解にどうしても必要なのである。その理由とは第一に、人相学、特にその基礎となる四性論が、デューラーの生涯のさまざまの時代に、一見それとは関係なさそうな多くの作品のいわば第二のモチーフとしてしばしば取り上げられたことであり、第二には彼が、それまではきわめて単純に考えられていた人相学に、もっと深い哲学的、形而上学的意味を与えたことである。以下の小論では先ず手始めとして、彼の作品の中に表われた人相学のテーマを調べて見ることとしたい。

デューラー《四人の使徒》の謎

たとえば、すべての批評家、美術史家が一致してかれの最高傑作と推す、最晩年の《四人の使徒》を見るがよい。ミュンヘンの絵画館の至宝と言われるこの傑作は、一五二六年、デューラーの死の二年前に作られたもので、一対の菩提樹板に、左幅にはヨハネとペテロ、右幅にはパウロとマルコが油彩で描かれている。一見きわめて明白な構図で、そこには何の問題もないように見える。事実、アンリ・ルウジョンのような美術史家は、そのデューラーの評伝（成田重郎訳、一九四三年刊）において、「デューラーは、いつも一二人の使徒たちを画に収めたいと夢みていた。彼は最も名高い四人を選び出して厳粛なコンポジションを実現したが、これだけでも一人の画家の令名には充分であろう」とあっさり片づけている。

ルウジョンのこの評伝は、決して学問的な研究書などではなく、単なる一般向きの啓蒙書に過ぎないが、それにしても問題はそんなに簡単なものではない。

第一に《四人の使徒》という普通に使われているその題名であるが、これは明白に誤まりである。そのことは手近の聖書をひもといて見れば直ちにわかるであろう。事実、聖書に記された一二人の使徒の中には、聖パウロの名も聖マルコの名も見られない。特にパウロはともかく、福音書記者のマルコは、普通絶対に使徒としては扱われない。デューラーは一体なぜこの余計なマルコを描いたのであろうか。それも、もしルウジョンの言うように、一二使徒全部を描きたいと思ったのだとしたらこのマルコの登場はさらにいっそう不可解である。

第二に、左幅では前面のヨハネが左足を後に引いて、いわば半身に構えているので、後のペテロと一応構図上のまとまりができているが、右幅の方では、真横から描かれたパウロの大き

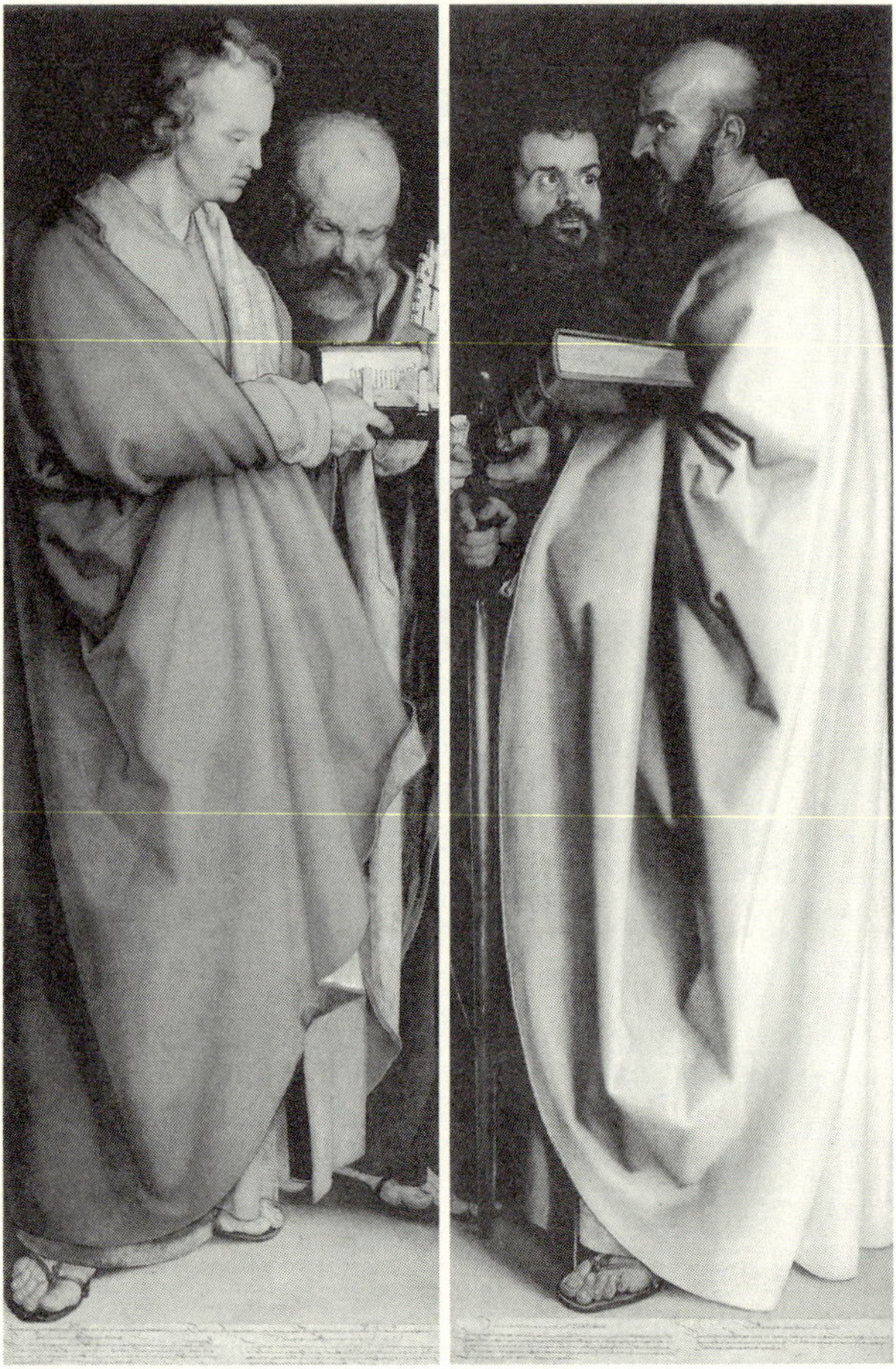

デューラー《四人の使徒》1526年

な姿がほとんど画面全部を覆って、後のマルコはいかにも窮屈そうに見える。少なくともこの二人の配置は統一ある画面を構成しているとは言い難い。試みにマルコの顔を指で隠して見ると、全体の構図は破綻を示すどころか、むしろ逆に統一ある緊張感を帯びて来る。デューラーほどの画家が二人の人物をひとつの構図にまとめる場合、何の理由もなしにこのような不手際をおかすとは考えられない。

事実この作品のもととなった一五二三年のデッサンでは、後にも先にもただ一人の人物しか描かれない。しかもその人物は、構図、姿態において《四人の使徒》の中のパウロと全く同一でありながら、剣をついた禿頭のパウロではなく、杖をついた頭髪豊かなピリポの像である。つまりデューラーは、アーウィン・パノフスキーの説く通り（『デューラー』プリンストン大学出版部、一九四八年刊）、もともとこの右幅にはピリポ一人だけを描くつもりだったのである。では一体、なぜそのピリポがパウロに変り、その上、マルコまで登場するという結果になってしまったのであろうか。これらの謎を解くためには、われわれは一四九七年、デューラーの二六歳の時の木版画にまでさかのぼらなくてはならない。

それは通称《男たちの入浴》と呼ばれているもので、あの《聖女カテリーナの殉教》の木版画などと同じ頃の、最初の木版画時代に属する名作である。しかしその画面は丸太を組んで作った粗末な仮小屋の中に、裸体の四人の男が、中央のやはり裸の二人の音楽師をとり囲んでい

デューラー《男たちの入浴》木版　1497年

るというはなはだ奇妙な場面が描かれている。この作品より一年早く作られた《女たちの入浴》（銅版）の方では、いかにも女たちが風呂にはいっている有様がそのまま描き出されているが、この木版画の方は何としても風呂にはいっている場面とは思われない。思われないも道理で、この作品はかつてE・ヴィントが『コートールド研究所紀要』（一九三八年）の中で適切に解明した通り、当時流行の四性論のいわば図解なのである。四性論というのは、周知の通り、人間の体内には血液、黄胆汁、粘液、黒胆汁の四つの体液humor（英語のhumour, 気分、はこれから来る）があって、そのいずれかが優勢であることによって多血質、胆汁質、粘液質、憂鬱質の四つの性格が生じ、また顔の色や形等の外的特徴も、それによって決定されるという古代以来の人間論である。この四つの性質はまた、乾・湿、及び冷・熱の四つの組合せにそれぞれ対応し、したがって世界の四元素、風（湿・熱）、火（乾・熱）、水（湿・冷）、土（乾・冷）に対応する。それはさらに一年の春夏秋冬や、方角の東西南北、人間の青年、壮年、老年、最晩年の四つの時期にも呼応する。

《男たちの入浴》の四人の男も、まさにこの四つの性格の表現であって、手前の二人が左から胆汁質と多血質、奥の二人が左から憂鬱質と粘液質とをそれぞれ表わしている。この四人の男の身体、相貌も、たとえば粘液質の男は太って頬がたるんでおり、胆汁質の男は逆に骨ばってがっしりしているなど、明確に描き分けられているが、さらに彼らの持物、動作もそれぞれの性質と深い関係がある。というのは、それらは、各体液の過剰から生ずる不均衡の症状（憂鬱、怒り等）に対する対処療法を象徴しているからである。すなわち水に縁のある粘液質の男はコップの酒を飲み、春の象徴である多血質の男は花の香を嗅ぐ。胆汁質の男は安全カミソリのような体を掻く道具を手に持っており、一番老人の憂鬱質の男は音楽に耳を傾けて心を慰めるという具合である。これはまた同時に、味覚、嗅覚、触覚、聴覚にそれぞれ対応し、小屋の外から覗いている少年（視覚）と共に、人間の五官の働きをも表わす。

なおこの胆汁質の男は、デューラーの先生であったヴォルゲムートをモデルとし、その隣の多血質の男はデューラー自身の姿を写したものと伝えられているが、デューラー自身の手になる《ヴォルゲムートの像》や《自画像》と比べて見れば興味深いものがあろう。特にルーヴル

デューラーの1493年の自画像

にある一四九三年の自画像は、向きこそ逆であるがやはり手に同じように草花を持っている。これはからかさばな科に属する植物で、学名を *Eryngium amethystinum* というが、ドイツ語の俗名は Mannestreue（夫の誠実）という。ではなぜこの洒落た服装の自画像がこの植物を手に持っているか、それはこの絵がアグネス・フライ嬢、後のデューラー夫人に贈られたものであることを知れば、自らあきらかであろう。

デューラーは、後に自分でも認めている通り、どちらかと言えば憂鬱質の方であった。その彼が、一四九七年の木版画の中では自分を多血質にあてはめたのは、彼がまだ二〇歳台の青年であったという理由のほかに、この性質が一般に四性の中では最良のものと考えられていたからであろうと思われる。

当時の四性論によれば、理想的人間、すなわち原罪以前のアダムとイヴは、四つの体液が完全に調和して四性いずれでもないという説と、四性の中では最も若々しく純粋な多血質に属するという説と、二つの議論が並び行なわれていた。デューラーはこの両方の説をそれぞれ表わした作品を残している。すなわち、一五〇四年の銅版画《アダムとイヴ》では、人間は無性であって、その代り四性は楽園の四種の動物、官能的な兎（多血質）、残酷な猫（胆汁質）、遅鈍な牛（粘液質）、物憂げな鹿（憂鬱質）によって示されている。それに対し、一五一〇年の有名な木版画集《小受難物語》の中の〈アダムとイヴ〉の図では、人間が多血質であるという第二の説に基づいて、動物は獅子（胆汁質）、穴熊（粘液質）、野牛（憂鬱質）の三匹しか登場していない。

このような予備知識をもとにして最初に述べた《四人の使徒》を見ると、この作品に対するわれわれの解釈もかなり違ったものになるであろう。特にこの絵については、デューラーと同時代人のニュールンベルクの書道の師、ヨハン・ノイデルファーの興味深い証言が残っているのでなおのことそうである。このノイデルファーは《四人の使徒》の絵の下端に銘文を書いた人だが、彼は一五四七年の覚書の中で、この絵は「多血質、胆汁質、粘液質、憂鬱質と認め得る等身大の四人の人物を描き出し」ているとはっきり明言しているのである。

つまりこの作品は、最初は右幅にピリポのみを描き、左右合わせて「三人の使徒」となる筈のところ、デューラーは途中でその意図を改め、右幅に無理にもう一人を加えて、表向きは使徒を題材としながら、実は四性の表現に変えてしまったのである（その変更には、恐らく一五

デューラーの《アダムとイヴ》。上は1504年の銅版画，下は1510年の木版画

二五年、ニュールンベルク市がルター派に転向したことが関係していよう）。そのためには、若くて赭《あか》ら顔のヨハネが多血質、黒く禿頭のパウロが憂鬱質、蒼い顔のペテロが粘液質なのはよいとして、胆汁質にあたる第四の人物を加えなければならない。先に述べた一五一〇年の《アダムとイヴ》の木版画では、胆汁質は獅子の姿を借りて表わされていた。そして周知の通り、獅子は中世以来福音書記者マルコの象徴である。このようにして、黄色い顔で壮者の姿の使徒ならざる使徒マルコが、この傑作の中に登場することとなったのである。

ii

《メレンコリア・I》

ここまで、われわれは四性論にもとづく人相学の応用が、デューラーの全生涯を通して、ちょうど一つのライトモチーフのように繰り返し形を変えて現われるのを見てきた。そしてそれは、デューラーにとっては（当時の芸術家、人文主義者たちすべてにとってと同じように）、単に興味本位の好奇心だけからではなく、いやしくも芸術家たらんとする者の、必要欠くべからざる基本的教養の一部をなすものであった。事実、デューラー自身、子供に芸術を学ばせる場合にはこの四性論によって子供の気質を知ることが先ず必要であることを力説して、次のように言っている。

「人間の外貌の様々の相違は、まさにこの四種の体液の組合わせの仕方にその原因を有する……われわれは先ず最初に、子供の気質がそのいずれの性に属するかを考慮して、そ

の適応性を測ることを学ばなければならない……」――『デューラー著作集』より、タウジングの引用による

このような四性論を主題としたデューラーの作品は、これまでに考察したものだけでそのすべてを尽すのではない。いやそれどころか、これまでに見て来たものは、たとえば《四人の使徒》とか《アダムとイヴ》等のごとく、表面は人相学とはおよそ縁の遠い主題で、四性論はいわばその「陰のモチーフ」に過ぎなかったのに、デューラーはその五七年の生涯に少なくとも一度この問題と真正面から取り組んだ見事な作品を作っている。一五一四年、彼が四三歳の時に制作された大判の銅版画《メレンコリア・I（MELENCOLIA・I）》がそれである。

この作品は、同じ年に作られた《書斎の聖ヒエロニムス》および一年前の《騎士・死・悪魔》とともに、一般にデューラーの「銅版三大傑作」として広く世に知られている。事実この三枚の版画が作られた一五一三―一四年には、デューラーは油絵も木版も全く放棄して、もっぱら銅版にのみ専念し、腐蝕させた原版にインクを載せ、余りを拭き取った後で、もう一度必要な所に薄くインクを塗るといったような新しい技法まで考案して熱中していたいわば銅版制作に最も脂の乗っていた時期で、しかもその二年間に残した一三点の作品のうち、上記の三点だけが例外的に大型のサイズ（二四・五×一九センチ）で内容も際立って優れており、文字通り

「傑作」と呼ぶにふさわしい名品ばかりである。ところが、それほど名高い作品であり、主題も一応はっきりとわかっているものでありながら、これくらい謎に満ちた作品というものも、美術史上にはそう数が多くないのである。

デューラー《メレンコリア・I》銅版　1514年

われわれの当面の対象は、作品自体の中にはっきりそれと書いてあるので、疑いもなく「憂鬱」を描いたと思われる《メレンコリア・I》である。だがそれにしては、この版画に描き出された情景はまた何と奇妙なものであろうか。

何であるかはっきりとわからない建物の背景の前に、翼を生やし、頭に木の葉で編んだ冠を戴いた女性が一人、石の上に腰を降ろし、左手で頭を支えて物思いにふけっている。彼女は膝の上に閉ざされた本を置き、右手にコンパスを持って本をおさえているが、その持物にはまるで注意を払わず、眼はあらぬ方角を眺めている。腰にぶらさげた鍵束とその先に続くお金の袋は無用心にも丸出しになっているが、彼女はそれに構おうともしない。彼女の傍らには、巨大な挽臼の丸い石の上にちょこんととまっている子供がいて、膝の上の板に何やらしきりに書き込んでいる。そしてさらに不可解なのは、この「憂鬱の女性」の周囲に配された様々の事物である。背後の建物には梯子がひとつたてかけられてあり、その壁には秤と砂時計と鐘がひとつずつ、そして一六の区画に分けられた魔方陣が見える。彼女の足許には一匹の猟犬がもの憂げにうずくまり、そのまわりに、鉋、のみ、鋸、金槌、釘、釘抜、ふいご等々の大工道具が散乱している。左手のはるか奥には遠く拡がる海と、その中に半ば浸されたような町の景色が見え、空には無気味な光を放つ彗星と白い虹がかかっている。星が出ている以上時は夜であり、したがってこの薄暗い場面を照らすあかりは、砂時計の影からわかる通り、右手から来る月の光であるに違いない。その蒼白い光の中を、左手奥に翼を拡げた蝙蝠が一匹、気味悪く飛んでいて、その翼に謎の文字「MELENCOLIA・I」が書かれているのである。

このような陰鬱な情景、雑多な事物は、一体何を意味するのであろうか。「憂鬱」が主題であることは問題ないとして、その主題の表現になぜこのような奇妙な「道具立て」が必要なのであろうか。そして蝙蝠の翼の「メレンコリア」の後に、意味ありげに付け加えられている「I」という数字は何を表わすのであろうか。

まずわれわれのすでに知っている四性論の知識を適用してみよう。前に見た通り「憂鬱質」は黒胆汁の過剰から来るものでその気質は文字通り「憂鬱」であり、また季節なら冬、方角なら北、色なら黒、四元素なら地、一日のうちなら夜中等々に対応するものであった。問題の銅版画が夜の情景で、「憂鬱の女性」が厚い冬衣裳を着ていることは、これで説明される。また、彼女が全然動きを示さず、頭をかかえてじっと物思いにふけっているのも「憂鬱質」の典型的な姿勢で、前に見た《男たちの入浴》でも、憂鬱質を代表する左端の男は、やはり片手で頭を支えるという同じようなポーズをしていた。さらに、日が暮れてから飛ぶという蝙蝠も、動物の中で人間と同じように「憂鬱」にとり憑かれる唯一のものと言われる犬も、その意味は一応明瞭であろう。だがその他のことになると、まったくわからないことばかりである。

《メレンコリア》の「I」の意味

一九世紀の末に書かれ、現在でも最も重要なデューラー文献のひとつとなっているモリッツ・タウジングの『デューラー、その生涯と作品』（一八八二年）は、この《メレンコリア・I》

の謎を解くため、同時期に描かれた他の二枚の大判版画と組み合わせて、それらが四性論のうちの三つの表現であると解釈した。タウジング以前にも、たとえばフリードリッヒ・リップマンは、この《騎士》《聖ヒエロニムス》《メレンコリア》の三枚を一連の作品と見て、それぞれ、倫理的、神学的、理知的徳目の象徴であるとしたが、タウジングはさらにそれを四性論に結びつけたのである。

「聖ヒエロニムス」の主題は、デューラーが好んで手がけたもので、この作品の他にも、油

デューラーの《騎士・死・悪魔》（1513年）と《書斎の聖ヒエロニムス》（1514年）。銅版

絵、木版、銅版のいくつもの作品が残っているが、タウジングは、独り世を離れて、夕陽のあたる快適な書斎で静かに著述にふけっているこの一五一四年の聖者の姿は、紛れもなく粘液質の人の表現であるという。そしてそれに対し、悪魔や死神の群がる中を堂々と馬を進める「騎士」は、その活動的な行為や、たくましい相貌から見て、多血質を表わすものに相違ない。その何よりの証拠は、画面の左下の隅にあるデューラーの署名板の年代の前に書かれた大文字の「S」という字で、これこそsanguinicus（多血質）の頭文字だとタウジングは推定する。この「S」も《メレンコリア》の「I」のように従来しばしば問題となり、たとえばデ・レトベルクは、デューラーの友人でこの騎士のモデルになったと思われるシュテファン・パウムゲルトナーのイニシャルであると解し、ヘレルは、やはり友人のシッキンゲンの頭文字だと推断している。しかしこの騎士像は、一四九八年の鎧を着た騎士と、一五〇三—五年頃に多く描かれた馬の姿とを組み合わせたもので、すでにかなり以前からデューラーの意中にあったのであるから、特定の人物を指すものとは考えられない。むしろその系譜を辿るなら、一五世紀フィレンツェの画家ウッチェロの《ジョン・ホークウッド騎馬像》、ドナテロの《ガッタメラータ騎馬像》（二三九頁下）、レオナルド・ダ・ヴィンチの有名な《フランチェスコ・スフォルツァ騎馬像》習作、ヴェロッキオの《コレオーニ騎馬像》（二三九頁上）等がその直接の祖先なのである。ただこれらイタリアの先輩たちの騎馬像、またはデューラーの一五〇五年の《小さい馬》や

《死神》(デッサン)等では、馬がいずれも手前側の前足を一本だけ上げているのに対し、一五一四年の銅版画では(一五〇三年の習作と同じように)、前足の他に奥の後足もあげている。言うまでもなく実際の馬の歩き方からすればこの方がずっと事実に近い正確なもので、デューラーの観察眼の優れていることをよく示している(しかも面白いことに、この銅版画でも最初は後足を二本とも地面につけていたらしく、銅版で修正がきかないのでもとの足がそのまま画面に残ってしまい、まるで五本足の馬のように見える)。

もしこのタウジングの説が正しいとすれば、「メレンコリア」の後についている「I」という数字も、四枚の連作の一番最初のものというつもりで書きいれたのだと解釈できるかもしれない。それはいかにも都合のよい説明であるように思われるが、しかしよくよく考えて見ると、この説では必ずしも納得のいかない点がある。第一に、四性はいつも登場する順序が決っていて、この四性を連作で描き出す場合、「憂鬱」を一番最初に持ってくることは決してない。しかも、もし四性のうちの一番初めという意味なら、数字の「I」は「メレンコリア」の前に付くべきであって、後に来るのはどうもおかしい。またタウジングの説では、周囲に散乱させられた大工道具やコンパス、秤等の説明がつかない。このような理由から、パノフスキーは、この三枚を四性論の表現とする解釈に反対する。

《憂鬱》と《聖ヒエロニムス》とが同じ年に作られ、しかもこの両者が、昼と夜、整頓された室内と乱雑な戸外、仕事に没頭している聖者と仕事が手につかず茫然としている「憂鬱の女性」等、あまりにも見事に対照的であるので、これらが意識的にいわば対をなすものとして考えられたことは恐らく確かであろうが（それにデューラーは友人にこの版画を贈る時、いつも二枚一緒に贈ったという）、それは必ずしも四性論と関連してではない。《騎士》に至っては、それはロッテルダムのエラスムスを念頭においた単なるキリスト教の「護教の騎士」であって、問題の「S」はSalus（救い）の頭文字だというのである。

それではパノフスキーはこの《メレンコリア・I》の謎をどのように解釈しているのだろうか。同教授は、この作品を、中世以来続いている民俗的な暦絵や人相学の挿絵に見られる「憂鬱」の像と、これまた中世以来の伝統である「技芸」（文法、音楽、幾何学等）の擬人化とをひとつに統合したもので、デューラーはそれによって従来のかなり即物的な人相学の解釈に独自の哲学的、形而上学的意味を付加したと言うのである。そしてその「意味内容の変化」には、一五世紀フィレンツェ人文主義の大立物であったマルシリオ・フィチーノのネオ・プラトニズムが大きく影響しているというのだが、その詳しい説明は後に譲ることとして、最後にこの陰鬱な「憂鬱」の像制作にあたって、デューラーに影響を与えずにはいなかったひとつの事実だけを指摘しておきたい。

それはこの年、一五一四年五月一七日、デューラーの愛する母が世を去ったことである。《メレンコリア・I》は、恐らく母の死の直後に描かれたものと推定されるが、この画面全体を覆う暗い陰鬱さは、母を失ったデューラー自身の悲しみを反映してはいないだろうか。いささか因縁話めくが、背景の建物の壁にはめこまれた魔方陣をもう一度見て頂きたい。これは言うまでもなく一六のますの中に一から一六までの数字を配し、縦、横、斜め、いずれも四つの数字をたすと同じ数（ここでは三四）になるようにしたもので、読者もすでによく御存知のものであろう。ところでデューラーの母の死の日付を表わす数字、一五一四、五、一七が、この魔方陣と不思議な関連がある。一七は魔方陣には登場しない数だからこれを別にして残りの数字をたすと、やはり三四になるのである。しかもその三四は、母の命日である一七の丁度倍になっている。そして、一番下の段の中央二つのますに、一五、一四の数字が並んでいて、ちょうど一五一四という年代を表わしているように見える。これらは単なる偶然の暗合であろうか。

〈いと神々しい憂鬱よ〉

デューラーの名作《メレンコリア・I》をめぐる数多くの「謎」の中で、最も重要と思われるのは、すでに見た通り、この「憂鬱の女性」の周囲に乱雑に散らかっている金槌、鋸などの大工道具の意味と、暗い夜空に無気味な出現を見せる蝙蝠の翼に書かれた MELENCOLIA・I

の意味とである。

「憂鬱」が、人間の四つの気質のひとつとして、中世以来しばしば描きだされてきたことは、周知の通りである。しかしそれらの「憂鬱」像には、大工道具などはひとつも登場しなかった。とすれば、デューラーがわざわざこのような小道具を画面に描き加えたのには、何か特別な意図があった筈である。それは一体何だったのだろうか。

のみ、鉋、鋸のような手業の道具、それにこの女性が手に持っているコンパスや、彼女の足許にある球体などを見れば、やはり中世以来の伝統で、われわれにすぐそれと思い出されるイメージがある。それはいうまでもなく、七つの技芸のひとつ、「幾何学」の象徴である。シャルトル大聖堂の西正面、「王の門」のアーチに刻みこまれたコンパスと球を持ったその姿を始め、「幾何学」は中世末、ルネッサンス期の民衆絵図にもしばしば描き出される最も普遍的な図像であった。たとえば、一五〇四年ストラスブールで出版されたグレゴリウス・ライシュの木版画集《哲学者マルガリータ》の中の〈幾何学型〉の図版を見れば、デューラーの銅版画に見られる道具類が、ほとんどそっくりそのまま、描き出されている。そしてその幾何学は、形の調和を求めることと、手業にかかわりのあるところから、容易に芸術と結びつき、大工道具やコンパスはまた、芸術家の付属物と考えられるようにもなった。とすれば、デューラーの銅版の女性は、単なる「憂鬱の女性」ではなく、「憂鬱の芸術家」であるに違いない。少なくとも彼女は、単純に普通の人間ではなく、何か技芸に関することで、普通の人間以上の優れた能力を具《そな》えている存在であるに違いない。彼女の背中につけられた二枚の翼が、そのことをはっきり証明している。

それでは、一体なぜ人間の四性の中の一つ、それも、決して優れた気質とは考えられていなかった――すでに見た通り最良の気質は多血質であった――憂鬱質が、優れた芸術活動と結びつくのであろうか。われわれはそこに、アルプスの彼方、イタリアのフィレンツェに起こったネオ・プラトニズムの考えの影響を認めないわけにはいかない。

イタリアのネオ・プラトニズムは、言うまでもなくフィレンツェの優れた人文主義者マルシリオ・フィチーノによって大成され、ルネッサンス期の芸術活動にも見逃すことのできない深い影響を与えているが、彼自身憂鬱質に属していたフィチーノは、その『人生論』の中で「知識人は何故憂鬱質になるか」を論じ、芸術の霊感源であるあのプラトンの「神の狂気」を黒胆汁の作用と結びつけたのである。このようにして、フィチーノが言う通り、「哲学においても、国の政治においても、または詩や芸術の領域においても、すべて真に傑出した人びとは皆憂鬱質である」という公理が成立した。この考えはただちに当時の人文主義者、芸術家たちの間に拡まり、後世にも長く伝えられた。たとえば、一七世紀英国の詩人ミルトンは、イタリア語をそのまま題名にした長詩、Il Penseroso（沈思の人）の中で、

いと神々しい「憂鬱」よ、
その聖なる相貌はあまりに強く輝き
人の眼を眩ませるので、
われわれの弱い視力のために
深い智慧の色、黒で顔を覆う……

と歌っている。つまりここでも「憂鬱」は、プラトンの「神々しい狂気」にも比すべき「いと神々しい」ものと考えられているのである。なお、研究社英文学叢書の『英国長詩選』の中で竹友虎雄氏は、この黒の色について「英国の僧侶或は大学教授の服装の色に allude したものと思われる」と註しているが、この色は前にしばしば見た通り、黒胆汁の作用から起こる憂鬱質特有の色である。

ミルトンの詩におけるように、憂鬱質が Penseroso と結びつくのは、これまた極めて普通のことであった。デューラーの「憂鬱の女性」も、多くの手業の道具を前にしながら、膝の上に肘をついた左手に頭をもたせかけて、じっと考えこんでいる。この姿態は、瞑想にふける人のいわば古典的なポーズで、デューラーの木版画《男たちの入浴》の中の憂鬱質の男もまったく同じポーズをしていたが、さらに有名な例では、ミケランジェロのPenseroso（メディチ家の墓）や、ロダンの《考える人》など、数多く挙げられる。

ということは、デューラーの《メレンコリア》の姿勢が決して偶然のものではなく、瞑想、すなわち行動の拒否、ないしは行動の不能をことさら強調しようという意図にもとづいたものであることをはっきりと物語っている。つまり彼女が「憂鬱の芸術家」であるなら、行動しない、ないしは行動できない芸術家なのである。翼を持ちながら飛ぶことができず、さまざまの道具にかこまれながら、制作活動をすることのできない芸術家――それがこのメレンコリアの姿である。では沈思しながら鋭く輝く彼女の眼は、芸術以上の何を求めているのだろうか。そして、蝙蝠の背中の数字の意味は……？

ここでわれわれは、フィチーノの説をさらに体系づけたもう一人の人文主義者アグリッパ・フォン・ネッテスハイムの『神秘哲学論』（一五〇九年）をひもとかねばならない。アグリッパはその中で、憂鬱質の優れた特性は、人間の三つの能力、即ち想像力、知性、精神のいずれかを通って表われるとし、それぞれ、芸術家、哲学者、神学者の活動に相当すると考えた。そして、この三者は単に並列的な関係にあるのではなく、段階的な関係にあり、最後の精神の段階に至って、神の世界に最も近くなると説いた。このような思想的背景が明らかになれば、《メレンコリア・I》の謎も今や自ら明瞭であろう。彼女は「憂鬱の芸術家」でありながら、より高い段階を求めて芸術を顧みない。彼女の目指すものは、芸術をも越えたより高い神の世界である。しかしその神の世界は、ここでは達し得ない。そのためには、第二の段階、第三の段階を経なければならない。このように解して初めて、蝙蝠の背中の「I」の数字の意味も明らかとなるであろう。それは四性論のひとつとしての憂鬱質を示すものではなく、最も優れた「神々しい」気質としてのメレンコリアの、第一段階ということを表わしているのである。恐らくデューラーは、この後に、第二、第三のメレンコリアを描くつもりであったのだろう、もしその意図が実現されていたとしたら……、だがそれは遂に実現されなかった。

動物類推と芸術

私は、以上の説明において、《メレンコリア》の女性の足もとにもの憂げにうずくまっている灰色の犬については、何も触れなかった。だがその意味を理解するのは、格別困難なことではない。当時、あらゆる動物のうちで犬だけが、人間と同じように黒胆汁の作用を受け、いわゆる「ふさぎの虫」にとりつかれると考えられていたことを知れば、答えは自ら明らかである。しかし私が、人相学を問題とする以上、ここでこの犬と、そしてあの黒い蝙蝠とに関連して、簡単にもせよ、どうしても触れておかなければならない問題がある。「メレンコリア・I」の文字を背負って夜の海上を飛ぶこの蝙蝠は、どこか無気味な、妖しげな笑いを浮かべている。

それは、芸術家でありながら創作することができず、より高い世界を求めながらそこに達することができないこの「憂鬱の女性」の、無力感にうちひしがれたような沈思の姿を、ひそかに嘲笑っているのだろうか。私は蝙蝠が本当に笑うものであるかどうか知らない。だがいずれにしてもこの蝙蝠は、決して単に写実的に描き出されただけの蝙蝠ではない。デューラーの鋭い観察眼と絶妙なデッサン力とは、現在ブザンソン美術館に保存されている見事なデッサンを見れば明らかなように、欲する時にはきわめて写実的な蝙蝠を描くことが容易に可能であった。とすれば、このいささか不自然な笑う蝙蝠には、何らかの擬人化の意図がある。そしてそのことは、動物の擬人化、及び人間の動物化、そしてさらに一般的に動物と人間との関係という、人相学の上での最も重要な問題のひとつにわれわれを導く。

ポンポニウス・ガウリクスの『彫刻論』の抜萃ですでに見た通り、中世末、ルネッサンス期の人相学は、人間の体や相貌によってその性格を判断することを徹底的に追求したが、その際、最もよく用いられたのが、いわゆるアナロジー・アニマル（動物類推）の方法であった。動物類推というのは、簡単に言って、ある人がある動物に似ているなら、その人はその動物と同じ性格を持っているに違いないと推論する方法である。この方法を最初に体系的に整理し、多くの挿絵をつけて芸術における応用の可能性を示したのは、ナポリの彫刻家、ジャン・バティスタ・デラ・ポルタの『人間相貌学』（一五八六年）であった。デラ・ポルタはその中で、典型的な羊顔の人間、牡牛顔の人間、犬顔の人間等の実例を示し、またその応用例として、たとえばプラトンは犬に似ていて良識が豊かだとか、ソクラテスは鹿顔で、セルギウス・ガルバは鷹顔だとか、ひとつひとつ挿図入りで説明している。

デラ・ポルタのこの書物は当時のヨーロッパに非常な反響を呼び、ナポリだけでも初版の二年後の一五八八年から始まって、一五九八年、一六〇二年、一六〇三年、一六一〇年、一六一二年とたて続けに版を重ね、さらにヴェネツィア（一六四四年）、ハノーヴァ（一五九三年）、ブ

デラ・ポルタ　セルギウス・ガルバと鷹の類似

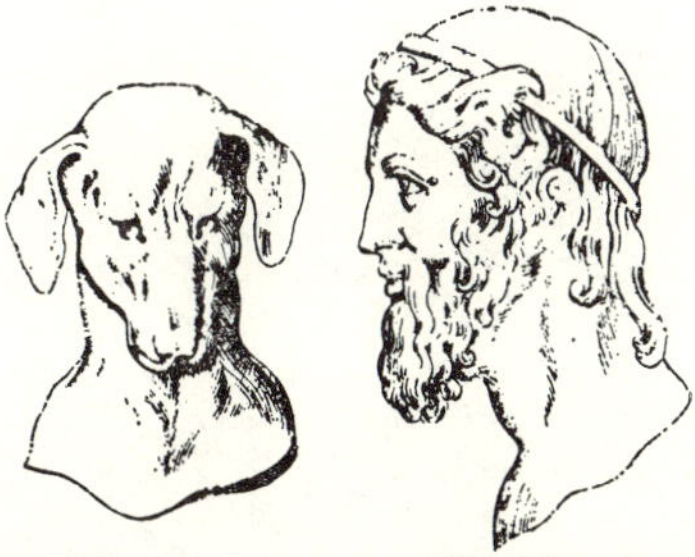
同　プラトンと犬の類似

同　羊一人間

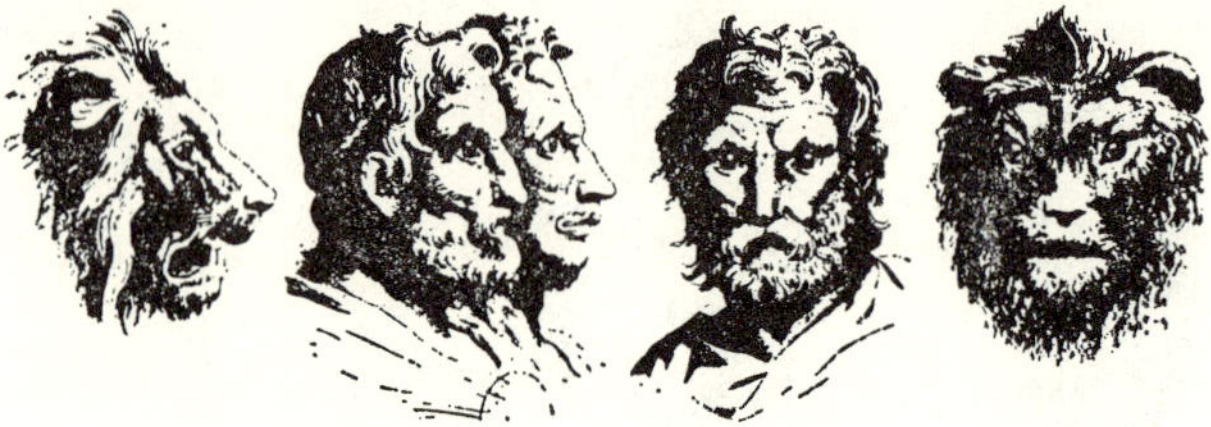

ル・ブラン　ライオン―人間

リュッセル（一六〇一年）、ライデン（一六四五年）、ルーアン（一六五五、および一六六五年）等でも出版された。

一七世紀には、ルーベンスや、シャルル・ル・ブランのような大家たちがこの問題に興味を示し、自ら実例を描いてその意味を解き明そうとした。ルーベンスの理論は一寸変っていて、彼は、神によって創られた最初の人間は完全な美の姿を持っていたが、その後人間は、神から遠ざかるにつれて、その美しさを失っていった。「そこで人間は、ライオン、牛、馬のさまざまな部分を借りて来て、その形態や性格を多少変えながら自分たちの姿を作っていった。というのは、ライオン、牛、馬は、力、勇気、姿体の美しさにおいて、すべての動物にまさっているからである」。そして彼は、この三種類の動物から人間がどの部分を借りたかを実際に図で示している。たとえば人間の美しさは、額から真直ぐ下った鼻筋、丸味のある鼻翼、下唇よりかなり前に出た上唇等々を馬から借りたものなのである。

ル・ブランは、デカルトの情念論の影響を受けて、感情の本拠は頭脳の中の松果腺にあると考え、したがって松果腺に一番近い眼や眉に最もよくその人の性質が表われると説いた。この説は、一六六八年、王立アカデミーでの講演会で発表され、ル・ブランは、その講演に用いるため、百枚以上の図版を自ら描いた。これらのデッサンは、現在ルーヴル美術館に保存されているが、デラ・ポルタの場合と同じように、動物とそれに似た人間とを一枚の紙に並べて描き出している。

その後、この動物類推は、一八世紀の後半、オランダ人のカンペルや、スイス人のラヴァテールの研究によって再び盛んに行なわれるようになり、ロマン主義の画家、文学者に深い影響を与えた。バルザックの綿密な人物描写など、ラヴァテールの挿図をそのまま写したといわれるほどである。今それらのさまざまの表われを細かく検討する余裕はないが、古来芸術家と呼

＊本書執筆に際して参照したユルギス・バルトルシャイティスのフランス語版『アベラシオン』（一九五八年）は、その後一九八三年に改訂版が出され、それに基づく日本語版『アベラシオン』（種村季弘・巖谷國士訳、国書刊行会、一九九一年）も刊行された。フランスのアカデミー教育に決定的な影響を与えたル・ブランの「情念の表現」の講演（一六六八年）は、その後さまざまなかたちで刊行されて来たが、近年になって、関連する他の講演や書簡を加え、ル・ブラン自身の手になる数多くのデッサンの図版とともに復刊された。Charles Le Blanc, *L'Expression des passions*.. Editions Dédale, Maisonneuve et Larose, 1994.

ばれる人びとが、いかに多くのことを考え、試みてきたか、その努力にあらためて敬服せずにはいられない。

9 ルネッサンスの女たち

i

女傑、女丈夫のイメージ

ルネッサンスの女たちというと、われわれはただちに、一世の英雄ヴァレンティノ公爵チェーザレ・ボルジアを相手として、最後まで堂々と闘い抜いたフォルリの女城主カテリーナ・スフォルツァや、チェーザレの妹で教皇アレクサンデル六世の娘である絶世の美女ルクレチア・ボルジア、あるいは、豊かな教養と優れた趣味の持主で、芸術保護者として名高いマントヴァ侯妃イザベラ・デステなどの名前を思い浮かべるであろう。いずれも、それぞれ何らかの意味で傑出した女性たちであり、文字通り「男まさり」の女丈夫たちである。少なくとも、われわれのイメージのなかに浮かび上がって来る彼女たちの姿はそうである。このような多彩な美女、女傑たちが歴史を華やかに染め上げているところに、ルネッサンスの、特にイタリア・ルネッサンスの大きな特色がある、と一応は言うことができるだろう。

たしかに、西欧の中世には、このように鮮烈な女性像は稀である。唯一の例外は、百年戦争の時の英雄ジャンヌ・ダルククらいであろうか。あとは、意地の悪い王妃とか、美貌の寵姫などの話が伝えられてはいるが、彼女たちのイメージはそれほど鮮明な輪郭線を持ってはいない。ルネッサンス期になってようやく、古代のクレオパトラやルクレティアと肩を並べるような美女、烈婦が登場して来る。その意味でも、ルネッサンスは古代復興の時代であったと言えるかもしれない。

しかしもちろん、当然のことながら、この時代の女たちが、皆カテリーナ・スフォルツァやルクレチア・ボルジアであったわけではない。この混乱と激動の時代に、スフォルツァ家やボルジア家の娘に生まれるということ自体、きわめて特異なことであって、それだけでも、彼女たちの生涯が平穏無事なものではあり得なかったろうということは、容易に想像がつく。逆に言えば、カテリーナやルクレチアにしても、もし普通の一市民の娘として生まれていたら、まったく目立たない平凡な生涯を送ったかもしれないのである。事実、大勢の男たちを手玉にとった稀代の悪女として、ついこの間も映画のヒロインに取り上げられたルクレチア・ボルジアも、実はそれほどの「悪女」ではなく——また、それほど「絶世の美女」でもなく——、気立ての良いごく平凡な娘であって、時に血腥《ちなまぐさ》いエピソードに彩られたその波瀾に富んだ生涯も、つまりは運命の悪戯にほかならなかった、と考える研究者もいる。歴史の実態は、容易にうかがい知ることはできないが、あるいはそうであったかもしれない。だが、もしそうであったとしたら、そのような平凡な娘が稀代の「悪女」として名を残すようになる歴史の状況がそこにあったということになるだろう。おそらく、それこそがルネッサンスというものなのである。

しかし、ここでは、歴史の地平にひときわ妖艶に、あるいは華麗に輝くスターたちではなく、この時代にもやはり、毎日の平凡な出来ごとにあるいは悩み、あるいは喜びながら、精一杯生きていたごく普通の女たちに眼を向けてみることとしよう。

女性の社会的地位

イザベラ・デステのような英邁な女君主の例があるにもかかわらず、一般的に言えば、社会における女性の地位は、決して高いものとは言えなかった。「教会においては、女は沈黙を守ること」という聖パウロ以来の中世の掟は、ルネッサンス期においても、普通の市民のあいだではなおほぼ常識であった。一五世紀末のフィレンツェのある市民は、女性のつとめとして、次のふたつのことを、はっきりと書き残している。

「第一に、女は、子供たちを神を畏れ敬うように育てなければならない。第二に、女は、教会においては、沈黙を守らなければならない」

「そして、私個人の希望を言えば」——と、彼は正直につけ加えている——「教会以外の場所でも、やはり黙っていてほしい」。

この場合「教会」というのは、単に狭い意味での宗教的行事を意味するだけではない。この時代、人間は生まれ落ちてから死ぬまで、人生のあらゆる主要な場面において、教会の世話になっていた。それは、今日の市役所のような役割も果たしていたし、結婚式場でもあり、公会堂でもあり、時には——ホイジンガが指摘しているように——娯楽場でもあった。つまり「教会では」というのは、「公共の場では」というのとほとんど同じ意味である。事実、たとえばフィレンツェのようにきわめて近代的意識の強い町においても、女は公職につくことができなかった。市民であれば誰でも政治に参加することのできるというこの国の民主制は、古代ギリシアにおいてと同じく、男たちだけの世界であった。それればかりではなく、誰かの保証人になることも、養子を迎えることも、あるいは、自分の子供に対する場合を別として未成年者の後見人になることも許されてはいなかった。自分の子供の後見人になる場合ですら、選定権は母親にはなかった。つまり、家庭内においてはともかく、対社会的には、女性は独立した資格を認められていなかったのである。

したがって、結婚も普通には親（親のいない場合は後見人）によって決められる。特に若い娘の場合は、自分の自由になる財産がないだけに、自分の意志を強く押し通すことはいっそう困難だった。というのは、この時代——そしてその後もずっと長く——花嫁が持参金を持って行くのが一般的な習慣だったからである。

その持参金の「相場」が、だいたいどのぐらいのものであったかということについては、すでに前に二、三の例を挙げてあるので、ここでは繰り返さない。ただ、それが、娘を持つ親にとってはかなり頭の痛いものであったということだけは、もう一度思い出しておく必要があるであろう。つまり相当の金額だということになれば、それがなければ結婚できないだけに、娘はどうしても親の意志に従わないわけにはいかないということになるのである。

この持参金という風習が、当時の市民たちのあいだで重要な問題であったことは、残された記録や物語などから明らかであるが、社会史的に見ても、一四二四年、フィレンツェにおいて、「持参金保険」とでも呼ぶべき制度が公けに作られたという事実からも、容易に想像することができる。この「保険」は、女の子が生まれた時、ある一定の金額を国庫に預けておくと、一五年以上経ってからその娘が結婚する時、五倍になって戻って来るというものである。最も早い場合、一五年間で五倍になるというのは、随分割りの良い話で、もし皆がこぞってそれを利用したら、国庫はたちまち破産してしまうのではないかと、余計な心配までしたくなるが、現実には、この制度は政府にとっても具合のよいものであったらしい。というのは、一般にかなり早婚であったこの時代では、女性が一五歳以下で結婚する例がしばしばあったが、その場合には、最初に預けた分だけしか返されなかったので、政府はいわば利子分だけ得をする勘定になるし、またもしその娘が結婚前に死亡するか、あるいは修道院にはいってしまうかすると、半分は政府が取り上げてしまって、親には半分しか返されないことになっていたからである。しかし、絶えず財政の危機に見舞われていたフィレンツェ政府は、一四八五年からは、いざ結婚という場合にも、現金では一部しか支払わず、残りは多少色をつけて分割払いにすることにしたという。

この持参金は、花嫁が「持参」するものであるから、当然夫がそれを自由に使ってよいのだが、しかし建前は飽くまでも妻のものである。たとえば、夫に先立たれた場合、その遺産の配分がどうなっていようと、妻は自分の持参金の分だけは確保する権利があった。いずれ再婚ということを考えなければならないから、その時二度の役に立てようというわけである。したがって、夫としても、いい気になって、妻の持参金を飲んでしまうというわけにはいかない。

それに、目出度く婚約が決って、持参金の額も折り合いがつくと、婚約者同士の間で贈物が交わされる。いわば結納にあたるわけだが、これは普通、女性の方は手作りのハンカチかなんかで間に合わせればよいが、男性の方は、婚約指環から豪華な衣裳、宝石など、相手の持参金に応じて相応の贈物をしなければならないから、これもかなりの物入りである。とくに一五世紀のイタリアでは、世紀の末にサヴォナローラが登場して激しく「虚飾」を告発したことから想像されるように、一般に生活が奢侈に流れる傾向があったから、婚約の贈物も次第に贅沢なものになって行った。フィレンツェの絹商人マルコ・パレンテは、その『日記』の一四五八年一月一二日の項に、自分が婚約者に送った一四着の華やかな衣裳とその他の贈物を綿密に書き記し、総額で一六五フロリンの出費だと語っている。また、ストロッツィ家のカテリーナが婚約の際に貰った贈物は、「白いダマスク織りの袖口と貂《てん》の毛皮の縁飾りのついた長いドレス、白い絹の広い袖口と貂の毛皮の縁飾りのついたドレス、緑のビロードの狭い袖口のついた白い毛織りのドレス、緑のビロードの袖口のついた濃紺の上衣、アレクサンドリアのビロードの袖口のついた濃紺のドレス、以上各一着ずつ、ルッカ産の赤い布地一六腕尺（一腕尺はざっと五〇センチ）、刺繍つきの下着一七枚、ハンカチ三〇枚、白いダマスク織り一腕尺、大きなタオル二枚、ストロッツィ家と本人の紋章のついた衣裳簞笥と水盤各一箇、祈禱書一冊、どっしりした珊瑚の鎖一本、銀の柄のついた小さなナイフ二本、銀の飾りのついた灰色のベルト一本、絹のボネット六箇、針筒三箇」であったと当時の記録は伝えている。

女子教育の発達

結婚が持参金の額とともに親（または後見人）によって決められ、そのかわり、相手の男から華やかな衣裳や身のまわりのものを貰うというこの一般的な習慣は、当時の女性たちの在り方をある意味で象徴的に示すものである。つまり、彼女たちは、公けの世界においては発言権を持たなかったが、家庭のなかにおいては、充分大事にされ、またある程度までその運営を任されていた。家の外と家の中と、男女の分業が明確に意識されるようになったと言ってもよいかもしれない。

それは、女も男と同じような「労働力」と考えていた農業社会の倫理に対して、新しい商業社会の倫理が生まれて来たことを物語るものと言ってもよいであろう。少なくとも、そのような「思想」が一五世紀のフィレンツェにおいて明確に主張されたことは、決して偶然とは思われない。事実、この時代のイタリアにおいては、日常生活の行動規範とも言うべき教育論、人間論が数多く書かれた。その代表的な例として、われわれは、たとえばアルベルティの『家庭論』を挙げることができるであろう。

『絵画論』、『建築論』の著者であり、古典学者としても言語学者としても知られるこの多才な人文主義者は、対話形式で書かれたその『家庭論』のなかで、登場人物の一人に、「家庭の父たるものは、男にふさわしい仕事のみをなすべきであるのみならず、本来女にふさわしい仕事をしてはならないものだ」という考えを語らせている。そして「本来女にふさわしい仕事」というのは、アルベルティによれば、まさしく家庭を守ることなのである。なぜなら、男性は本来勇敢で、敵の攻撃や逆境の試練にいっそうよく堪えることができるのに対し、女性は優しく、臆病であるから、家でじっとしているのに適している。したがって、自然の配慮によって、「男は外から物を獲得して来るように、女は家でそれらの物を守るように」造られているというわけである。このアルベルティの考えは、今日では大いに異論のあるところかもしれないが、当時においては、きわめて当然のこととして受入れられていた。一九世紀にまで続く西欧ブルジョワジー道徳は、この時期に形成されたと言ってもよい。少なくともルネッサンスの普通の市民たちにとっては、女傑とか女丈夫というイメージは、日常の世界からはいささか縁遠いものだったのである。

しかし、「家を守る」ということは、ただのんびりと家に居ればよいということではない。大勢の召使たちを指揮して家庭を切り盛りして行くだけの才覚が要求されたことはもちろんだが、さらにそれに加えて、子供たちの教育や、夫のよき伴侶であるため、ある程度の「知的教養」が求められた。中世以来の貞節、神への信仰、慎しさに加えて、「知性」が女性の美徳に加えられたのである。

それは、何よりも、アルベルティがその代表的存在の一人であった人文主義者の功績と言ってよい。古典古代の文献の解読から始まったこの知的運動は、一般庶民とまでは言わないまでも、市民階級のあいだに教育熱を拡げるのに大いに貢献した。もちろん、彼らがことさら女子教育にのみ力を入れたというのではないが、古典教育に関して、建前として男女の間に何の区別も認めなかった人文主義は、それまで等閑視されていた女子教育を普及させる結果をもたらしたのである。事実、レオナルド・ブルーニは、女性は「古代の女たちと同じように」開かれた精神の持主でなければならないと説いたし、一時ルクレチア・ボルジアの恋人でもあった詩人のピエトロ・ベンボは、「若い娘はラテン語を学ばねばならない、それは彼女の魅力を著しく高めるものとなろう」と明言しているのである。

読書するゴンザガ家の娘。1493年頃の木版画

そして、その効果は早速に現われた。オウィディウスやホラティウスを原語で易々と読んだイザベラ・デステの例は広く知られているが、芸術愛好家として高名なこの侯妃のみにかぎらず、当時の多少とも名のある女性で優れた「知的魅力」を備えた人びとを思い出すのはそう困難なことではない。現在、フィレンツェのウフィツィ美術館に保存されているピエロ・デラ・フランチェスカの肖像で美術史上でも有名なウルビノ公妃バティスタ・スフォルツァは、ラテン語を流暢に話し、ギリシア語にも深い知識を持ち、さらに驚くべき記

憶力を備えていることで、人びとの称讃の的であったという。また、ゴンザガ家の娘チェチリアは、一〇歳の時すでにギリシア語を自由に操ることができたし、一一歳の少女マルゲリータ・ソラーリが、フランス国王シャルル八世の前で巧みなラテン語問答で人びとを驚かせたという話も伝わっている。人文主義の最初の世代に属するボッカチオが『著名婦人伝』を書いて以来、イタリア・ルネッサンスは、新しい時代の「著名婦人」を輩出せしめたが、彼女たちの魅力の幾分かは、疑いもなく、新しい教育の成果に負っているのである。

美しさへの努力

しかしながら、ラテン語の知識がいかに「魅力を著しく高めるもの」であっても、それだけでは満足できないのが女性というものであろう。あの知性と教養の塊りのようなイザベラ・デステでさえ、ヴェネツィアにいる代理人にジョヴァンニ・ベリーニの絵を注文させる一方、「金象眼細工を施した、先の尖ったよく切れる小さな爪剪鋏《つめきりばさみ》」を特別に作らせるよう指示しているし、その爪に「特別の光沢を与える」という皮製の爪磨きを友達から送って貰ってもいる。芸術家の保護者であり、優れた君主であった彼女も、時にはただの女性に戻って、アンドレア・マンテーニャやフランチェスコ・デル・コッサの名品で飾られた宮殿のなかで、一所懸命爪を磨いていたのかもしれない。

そのことは、男まさりの女丈夫として名高いカテリーナ・スフォルツァにしても同様である。彼女は、髪をブロンドに染めるための処法を自ら書き残しているが、それによれば、皮を剥いだ樫の木の灰から作った特殊な洗浄液で何回も髪を洗い、それをそのまま直射日光にあてて乾かすというものである。一般的に言って、「殿方はブロンドがお好き」なのは二〇世紀にかぎらないためか、あるいは詩人たちが「細かく波うつ黄金の髪」（ベンボ）を絶えず歌い上げたためか、南国イタリアにおいては、茶褐色の髪や黒髪よりもブロンドがいっそう美しいとされ、カテリーナ・スフォルツァにかぎらず、女たちは皆、何とかして金髪になりたいと望んだ。だが今日のように簡単に――いや実は今日でもそれほど簡単ではないのかもしれないが――染めたり脱色したりできない時代のことであるから、そのためには大変な苦労をしなければならなかったらしい。ヴェネツィアでは、家々の屋根の上に、天井のないロッジアのような木造の小さな建造物があり、それは「アルターネ」と呼ばれているが、この「アルターネ」こそ、女性たちが金髪に生まれ変るための苦行の場所であると、一六世紀の風俗観察者ヴェチェリオは述べている。彼の説明によると、その遣り方はこうである。

「髪をブロンドにするために、ヴェネツィアのすべての女たちは、自分の部屋よりもアルターネに出来るだけ長くとどまって、一日中、その頭部を太陽の光に曝す。彼女たちは、太陽が最も暑い時にそこに座り込んで、大きな苦しみに堪えながら、短い棒の先につけたスポンジを、自分で作った、あるいは買い求めた特別の洗浄液に浸してそれで頭髪を濡らしては乾かすのである。このようにして、平素われわれが見かけるあのブロンドの髪が作られる。彼女たちは、そのために、ソラーナと呼ばれる頭頂部に穴のあいた特別の麦藁帽をかぶるが、それは、頭髪だけを日光に曝して、顔の肌はいためないようにするためである」

このように言われると、それではその際に使う「特別の洗浄液」とはどんなものだろうかということも知りたくなるが、その処法も伝えられている。それによると、作り方はいろいろであったらしいが、基本的にはアルカリ性のアク汁をベースとしたもので、それにさまざまな特殊の「秘薬」を加える。アク汁は、普通には、木炭または木炭の灰を布に包んで、熱湯を注げば得られるから、これは比較的簡単である。問題は、それに加える「秘薬」の方であろう。もの本によると、たとえば蕁麻《いらくさ》の種をこのアク汁で煮出せばよいというようなことが書いてある。これはきわめて効果的で、この煮汁で髪を洗えば、たちまちブロンドになるというのである。また、アンディーヴ（苦菊菜）をどろどろになるまで煮るという処法もある。この処法は、それほど即効性はないが、毎週二回この煮汁で洗うと、数ヵ月で効果が現われるという。しかもこの場合は、おまけとして養毛促進の効果があるそうである。さらに、蔦の葉を煮て、その煮汁を同じ蔦の葉を焼いた灰にかけるという遣り方もあって、この汁を使えば、二ヵ月に一回洗うだけでよいという。いずれにしても、効果の程は責任を持てないが、それにしても随分手間のかかるものである。その上、炎天下で一日中頭を曝すというのだから、美しくなるのも楽ではない。しかし、このような点にかけては、女性の方がはるかに忍耐強く熱心であるのは、昔も今も変らないであろう。

序でに、この時代の一般的な美の基準について述べておこう。南国イタリアにおいては、色の濃いのはあまり好まれなかったらしく、髪はブロンド、肌の色は雪を欺く白というのが理想であった。上流の貴婦人は、手の白さを保つために寝る時も手袋をはめていたほどであったという。歯も、白く輝いていればいるほど望ましいものであった。そのため、主として水銀をベースにしたさまざまの歯磨水が珍重された。かのイザベラ・デステの許に、ナポリの宮廷で使われている特別の歯磨水が送られて来たという記録が残っている。それに添えられた手紙には、歯を綺麗に掃除した後で、その水を体温程度にあたためて、長い間じっと口に含んでいることという使用法が述べられている。ただし、この時送られた分は量が少なかったらしく、「今回は、せいぜい綿に浸みこませて軽く歯を湿めらせる程度にしておいて下さい」という但し書きがついている。よほど貴重なものであったのであろう。

ティツィアーノ《フローラ》 1515年頃
ルネッサンスの画家が捉えた理想の美女の一例

一六世紀前半のアニョロ・ジョヴァンニーニという修道僧は、僧籍にある身でありながら、女性の理想的美しさについて、きわめて具体的な記述を書き残している。その大要は、髪はもちろん金髪で長く豊かなのがよく、肌は明るく輝いて、眼は、青みを帯びた艶やかな白眼に濃い茶褐色の瞳というのが最も良い。鼻は、大きく垂れ下ったいわゆる鷲鼻は駄目で、むしろつつましやかな方が好ましく、口もできるだけ小さく、唇は半円形、頤《あご》は柔らかくて窪みがなければいけないというのだから、なかなか注文が難しい。頸は細く長く、しかし咽喉仏が目立たないのが良い。肩と胸は大きい方が良いが腕は細くしなやかに、脚は長い方が良いが足先は小さく、というのがこの修道僧の御託宣で、こまかいところまで随分よく気を使っていると感心させられる。このような基準を参考にして、ティツィアーノやヴェロネーゼの描き出した美女たちを眺めてみるのも、また一興であろう。

ただし、この時代といえども、美女ばかりいたわけでないことはもちろんであるし、その美女たちにしても、あらゆる点で理想的とは言えなかったようである。一六世紀後半の社会風俗の精緻な観察者であったヒエロニムス・ガルダヌスは、当時の「男たちや女たちは、人の気に入られるのを仕事とする人びとでさえ、みな蚤《のみ》、虱《しらみ》がいっぱいであり、ある者はわきの下から、他の者は足先から、そして大部分の人びとは口から、いとうべき臭いを発散させている」と書き記している。事実、ルネッサンス時代の東方貿易において、香料が常に重要な品目となっていたことを考えると、ガルダヌスの指摘も、それほど大袈裟とは言えないであろう。先に引いたカテリーナ・ストロッツィへの婚約の贈物のリストのなかにも見られたように、当時の上流階級のあいだでは、襟または袖口に毛皮をつけた豪奢なドレスが流行していたが、この毛皮が、ドイツでは俗に Flohpelzchen（蚤の毛皮）と呼ばれていたというのだから、どの程度清潔であったか、およその想像がつこうというものである。

ii

「宮廷の女性たち」

ヤコブ・ブルクハルトは、『イタリア・ルネッサンスの文化』のなかで、この時代、女性も男性と同じように豊かな教養と知性を発達させ、娼婦たちのなかにさえ、ソネットを作ったり音楽を奏したり、文学芸術の面で男たちと堂々と太刀打ちできる者たちがいたと述べている。実際、娼婦のなかには、当時の一流の詩人たちと競作したり、ラテン語の詩を原文のまま引用したりする人びとがいたことを、記録は伝えてくれている。というのは、一口に娼婦と言っても、その生き方はさまざまで、文字通り単に肉体だけを提供する女たちと同時に、貴族や人文主義者たちの客室に出入りして文学論をぶったりするいわば高級な娼婦たちもいたからである。そしてそのような「教養のある」高級な娼婦たちは、ルネッサンス時代の風俗と文化に、独特の彩りを添えているのである。

もちろん、娼婦という存在は、いつの時代にも見られるものであったに違いない。しかし、彼女たちが、後のフランスの文学サロンの女主人のように、文学的、知的サークルの仲間として重要な役割を演じるようになるのは、まさにこの時代のことなのである。

はなはだ面白いことに、「娼婦」を意味するイタリア語の「コルテジアーナ」（フランス語では「クールティザーヌ」）は、「コルテ」（宮廷）に由来する言葉で、もともとは「宮廷の女性」という意味であった。現在でも、男性形として使われる時、それは「宮廷の人」を意味する。それが「娼婦」の意味に転化して用いられるようになったのは、一六世紀初頭のことであったらしい。教皇アレクサンデル六世の侍従を勤めたブルカールトが、「コルテジアーナとは、すなわち立派な娼婦のことだ」という簡潔明快な定義を述べているそうだが、ここらあたりがその始まりである。

この場合、「宮廷」というのは、言うまでもなく教皇庁のことである。一五世紀後半から一六世紀前半にかけて、歴代の教皇たちは、いずれも文芸の保護振興に努め、多くの人文主義者、芸術家たちを永遠の都に招き寄せた。彼らは、教皇庁内において、あるいは有力な保護者の邸館のなかで、親しい仲間たちのあいだで集まっては、哲学的、文学的、言語学的議論をかわしていたが、やがて、その集りをいっそう華やかな、多彩なものとするため、美しくてしかも洗練された女性たちをもそこに加えたいと望むようになった。すでに述べた通り、「知性の魅力」に関しては、人文主義者たちは、男女の別なくこれを認めるというきわめて公平な考え方を持っていたからである。

ここまではそれでいい。そして事実、たしかに純粋に知的な会話の楽しみのために、女性たちがその集りに加わったことも少なくなかったであろう。しかしながら、実際問題として、貴族や上流社会の娘たちは、特別の場合を除いては自由に家の外に出る風習がなかったから、そのような場に参加するのは、ローマの町に数多くいた「自由な娘たち」にかぎられることになった。つまり、彼女たちのなかから、アリストテレスやオヴィディウスを引用したり、ソネットを作ったりすることのできる才女たちがいわばスカウトされたのである。ところが、彼女たちはそのほとんどが貧しい家柄の出で――さもなければ「自由な娘」の境遇に身を落とす必要もなかったであろう――、充分な生活の手段を持たず、まして「宮廷」に出入りするにふさわしい身なりを整えることも思うにまかせなかったから、どうしてもある種のパトロンを必要とした。一方、人文主義者たちの方はそれほど金持でなかったとしても、彼らの集りにはしばしば銀行家、大商人、貴族、各国大使などが顔を出しており、そのなかには、「知的な魅力」によっていっそう目立つ存在となった彼女たちに喜んで「保護」を与えようとする人びとも少なくなかった。このようにして、「宮廷の女性」が「立派な娼婦」へと変貌するようになったのである。序でにつけ加えれば、「コルテジアーナ」という言葉が一般に「娼婦」の意味で使われるようになり、宮廷とはおよそ関係のない場末の女たちまで「コルテジアーナ」と呼ばれるようになると、困ったのは本来の「宮廷の女性」の方で、そのために、「コルテジアーナ」とは別の、「ドンナ・ディ・コルテ」（直訳すれば「宮廷の女」）という呼び方が登場して来るのである。

ローマの娼婦たち

「コルテジアーナ」という名称が――そして当然のことながら、その名称に対応する実体が――まずローマから始まったというのは、起こるべくして起こったことだと言ってよい。というのは、ルネッサンス時代の大小さまざまのイタリアの諸都市において、人口における男女の比率は一般に女性の方がつねに上廻っていたが、唯一の例外として、ローマだけは男性人口の方が圧倒的に多かったからである。ある研究者の調べたところによると、一六世紀のローマにおける男女の人口比は、ほぼ六対四であったという。ということは、娼婦たちにとってきわめて有望な「市場」がそこにあるということである。

もちろん、それには充分な理由があった。「永遠の都」と呼ばれるこの町は、普通の意味で産業と言えるものを何ひとつ持っていない。それは、一にも二にも教皇庁の町であり、キリスト教世界の中心としての権威と、それに付随するもろもろの活動によって支えられていた。その世界を動かしている有力者――教皇、枢機卿、高位聖職者――やその部下たちは、当然のことなから少なくとも表向きは皆独身であり、さらに、いずれ教皇庁において有力な地位を得ようと狙う多くの若者たちも、そのために結婚を諦めなければならなかった。その上、教皇は世襲ではなくて一代かぎりのものであるから、歴代の教皇は、侍従や秘書官はもとより従者下男にいたるまで、気心の知れた自分の配下の者を登用しようとした。アレクサンデル六世の時代には、教皇庁内では大勢のスペイン人が幅をきかせていたが、ユリウス二世の時代になると、彼らはイタリア人たちにとって代られた。メディチ家出身のレオ一〇世は、教皇になった時、七百人のフィレンツェ人を引き連れてローマに乗り込んで来た。これら教皇に連れられて来た「他所者」たちは、新しい教皇になって職を失っても大半はそのままローマにとどまったから、ローマは慢性的に男性人口の流入が続いたことになる。その上になお、住民ではないが長期にわたってこの町に滞在している各国の大使団、銀行家や商人、教皇庁守護の傭兵隊などがいたから、ローマの人口の六割が男性という数字も、あながち誇張とは思われない。それも、多くは壮年の男性である。「頽廃の都ローマ」の何よりの原因は、まずこの特殊な人口構成にあったのである。

一四九〇年に教皇イノケンティウス八世の命によって行なわれた調査によると、当時すでにローマには六、八〇〇人の娼婦がいた、と年代記作者ステファノ・インフェスーラが伝えている。しかもそれは、正規(?)に「開業」している娼婦たちだけであって、「数人の女たちをかかえてひそかに営業している者や、特定の人の愛妾となっている女たちを別にした」数字である。ブルクハルトは、このインフェスーラの伝える数字をそのまま『イタリア・ルネッサンスの文化』のなかに引いているが、「この数字はあまりにも大きいので、もしかしたら写し誤りであるかもしれない」という註釈をつけ加えている。事実、一五世紀末から一六世紀初頭にかけてのローマの総人口は（もちろん男性も含めて）ざっと三万から五万と推定されているから、七千人近い数字というのは、何と言っても多過ぎる。しかし、この種の数字は、つねに誇大に語られるものらしく、一五二〇年代に美貌のスペインの娼婦『アンダルシアのロサナ』の物語を書いたフランシスコ・デリカードは、当時ローマに三万人の娼婦がいたと語っているし、一五八八年のあるオランダ人の記録では、「ざっと四万人」という数字が挙げられている。一六世紀を通じて、ローマの人口は絶えず増加し続けていたが、それにしても、現在残されている最も古い公式の記録である一五二六年の調査では総人口約五万五千人となっており、世紀末でもざっと一〇万人であるから、万単位の数の娼婦がいたということはとても信じられない。ただ、火のないところに煙は立たないであろうから、正確な数はともかくとして、大量の娼婦の存在が当時の観察者にとってきわめて印象的であったことは間違いないと言える。

近年の研究では、『一六世紀後半のローマにおける経済的社会的生活』（パリ、一九五七年刊）を書いたフランスのジャン・デリュモーが、年代記のみならずさまざまの他の資料に基づいて、実際の娼婦の数は、「全女性人口の一・七パーセントくらい」という結論を出している。ここでわれわれは、ようやくかなり実態に近い数字を得ることができるわけだが、それにしても、仮に総人口一〇万、そのうち女性が四割とすれば、六八〇人という数になる。今日の一〇万都市のことを考えてみれば、この数字がいかに大きいものであるか容易に想像がつくであろう。

ヴェネツィアの娼婦たち

ローマとならんで、半島内において「娼婦の町」としての名声を鳴り響かせていたのは、東方貿易の中心地ヴェネツィアである。今日、多くの美術愛好家の足を惹きつけるコレル美術館のカルパッチオの名作《ヴェネツィアの娼婦たち》は、彼女たちの隆盛ぶりを物語る数多い証言のひとつに過ぎない。この町のことは細大もらさず書き記した厖大な量の『日記』の作者マリノ・サヌードは、一六世紀の初頭にヴェネツィアの町にいた娼婦の数は——どうやって数えたのか知らないが——一万一、六五四人であったと伝えている。ローマの場合と同じように、この数字も、一見正確そうに見えるにもかかわらず、とても信用できないが、しかし、万をもって数える数の娼婦がいたという証言は、他にも残されている。もともと港町というものは、多かれ少なかれ開放的な性格を持っているが、異国情趣豊かな東方世界への玄関口でもあったヴェネツィアは、特に享楽的雰囲気が強かったようである。少なくとも、元老院のお歴々は、あまりに派手なその享楽的傾向に対し、一五四三年、次のような公式の警告を発している（文章はポール・ラリヴァイユの『ルネッサンス時代におけるイタリアの娼婦たちの生活』――パリ、一九七五年刊、からの孫引きである）。

「われわれの町において、娼婦の数があまりにも過度に増加したのみならず、彼女たちは、厚顔無恥にも、美しい衣裳をまとい、華やかに飾り立てて町なかや教会など公衆の面前に姿を見せているので、われわれの町の由緒深い家柄の婦人やその他の女性たちと服装の上でほとんど区別がつかず、旅行者のみならずヴェネツィアの町の住民でさえ良きものと悪しきものを見分けることが出来ない。……このような事態に対し、すべての人びとは不満と嘆きの声を挙げている……」

ところが、このような非難に対し、他方では堂々たる（？）娼婦弁護論が刊行されているのだから、ヴェネツィアという町は面白い。一五三四年に上梓された『ローマの無花樹の下におけるナンナとアントニアの対話』がそれで、作者は一代の奇才ピエトロ・アレティーノ、あるいは少なくともその周辺のグループとされている。アレティーノ（およびその工房）お得意の軟文学の代表的なもので、内容は三日間にわたる「対話」を記録したという形式になっているが、第一日目（第一部）は尼僧の罪深き恋、二日目（第二部）が人妻の道ならぬ恋、そして三日目（第三部）が娼婦の生活をそれぞれテーマとしており、その第三部に、次のような驚くべき議論が展開されている。

「尼僧はその誓いを裏切り、人妻は結婚の聖なる秘蹟を踏みにじる。しかし娼婦は修道院を裏切ることもなければ、夫を欺くこともない。それどころか、娼婦は、悪いことをしてお金を払って貰う傭兵と同じように、そうしたからといって悪事を働いたとは考えられない。なぜならば、彼女の店は、人がそこで買えると期待するもの以外は決して売らないからである」

屁理屈と言えば屁理屈だが、したたかな現実感覚に裏付けられた商業都市ヴェネツィアの面目躍如たるものがある。アレティーノ作と称せられるこの『対話』は、きわめて好評であり、二年後には今度は娼婦の生活だけを主題とした続編が刊行された。この続編は、娼婦ナンナが自分の娘に娼婦の心得や生活を詳しく語って聞かせるという形式で、当時の娼婦の生態を生き生きと伝えてくれるもので、ブルクハルトも貴重な資料として指摘している。当時ヴェネツィアは、ネーデルラント地方と並んで世界で最も出版業の盛んなところで、エラスムスが有名な

カルパッチオ《二人のヴェネツィア婦人（娼婦たち）》
1510年頃

出版業者アルドゥス・マヌティウスの家に泊りこんで『格言集』の原稿を執筆したのもこの頃のことであるが、それだけに、ヴェネツィアには、今日のジャーナリズムの先駆とも言うべき雑多な出版物があり、アレティーノは、その世界での一方の雄であった。逆に言えば、

＊ヴェネツィアのコレル美術館所蔵の二人の女性を描き出した板絵作品は、長いあいだ《ヴェネツィアの娼婦たち》という題名で知られていたが、近年になって、ロスアンジェルスのゲッティ美術館にある《ラグーナ（潟）での漁猟》と上部でつながることが明らかとなった。つまり当初は、画面奥の手摺りに肘をかける女性の向こうに遠く拡がるラグーナが見えるという構図であった。詳細は、Giandomenico Romanelli, *Il mistero delle Due Dame*, Skira, 2011 を参照。

アレティーノの『対話』の背後には、放縦と言ってよいほど自由な出版状況があり、アレティーノの作品も含めて、かなりきわどい「文学」が数多く刊行されていた。一五三五年に、パドヴァの人アントニオ・カヴァリーノが刊行した『ヴェネツィアの娼婦の価格』は、「ある異邦人と貴族との対話」という副題が示すように、この町にやって来る旅行者のための「観光」ガイドであって、そこには、ヴェネツィアの「あらゆる娼婦の値段と特色」が述べられていると いう。似たものでは、一五七〇年頃刊の『ヴェネツィアの尊敬すべき主要な娼婦全カタログ』というのがあって、それは、彼女たちの名前、住所、値段はもとより、仲介役の遣り手婆さんの名前まで記載するというサーヴィスぶりである。フランスのプレイヤッド派の詩人ジョアシャン・デュ・ベレが、アレティーノに刺戟されてヴェネツィアの「無数の手練手管」の世界に憧れたのも、無理もないところだったのである。

美姫インペリア

これら数多くのルネッサンスの娼婦たちのうち、後世にまで語り伝えられる華やかな名声を残した者は、二、三にとどまらない。もちろん、有名になればなるほど、虚実とりまぜてさまざまな伝説が彼女たちを飾り立てることになるから、その現実の姿はそれだけ捉えにくくなるわけだが、しかし、伝説というものは、その伝説を信じる人びとにとっては現実である。人びとのイメージのなかで生き続けるということは、いわばスターにとっての宿命とも言える。そして、名声高い娼婦というのは、当時の人びとにとっては、たしかにスターだったのである。

そのスターのなかで、特に代表的な一人を挙げよと言われれば、教皇ユリウス二世時代のローマで令名と権勢をほしいままにしたインペリアの名を挙げないわけにはいかないであろう。バルザックの『風流滑稽譚』にも登場して来るこの美姫は、一四八一年から一五一二年まで、三一年の短い生涯を華やかに生き抜いた。時はまさしくルネッサンスの最盛期、レオナルドやラファエロが活躍していた時期であり、イザベラ・デステやルクレチア・ボルジアの生きていた時代である。

アレクサンデル六世の娘と同じように、彼女も、ほんとうの名前はルクレチアと言った。しかし、歴史に伝えられた彼女の名は、その死後、人文主義者ジャン・フランチェスコ・ヴィタトーレが彼女を悼んで捧げた短詩のなかで「二人の神がローマに偉大な贈物を与えた。軍神マルスは帝国を、美神ヴィーナスはインペリアを」と歌ったように、インペリア（至高権の女）であった。もちろん、彼女は生前から、本名よりもこの綽名《あだな》で知られていた。自ら「インペリア」と名乗るのは傲慢もはなはだしいと文句をつけた気難し屋もいたが、実は本人の意志とは関係なく、いつの間にかそう呼ばれるようになってしまったというのが真相らしい。

彼女のその権勢は、大銀行家アゴスティーノ・キージの庇護を受けていたという事情によるものである。もともと彼女は、ディアナという名の一娼婦の私生児に過ぎなかった。父親については、いろいろ推測はなされているが、確かなところはわからない。ただ、教皇庁において、かなり力のあった誰かであろうことはほぼ確かである。というのは、ルクレチアの生まれた後、ディアナは、多額の持参金とともに結婚し、その上、新しい夫は教皇庁の役職を与えられているからである。もちろん、ルクレチアの陰の父親の配慮によるものであろう。

ディアナは、自分自身の経験から、「宮廷の女性」として成功するには、単に美貌だけでは不充分であることをよく知っていた。有力な枢機卿や銀行家の「保護」を受けるためには、同時に、文学や音楽の素養が必要だからである。そのため、彼女は娘の教育にあらゆる手を尽した。その努力が実を結んで、ルクレチアは見事に銀行家キージの心をつかまえることができたのである。

アゴスティーノ・キージは、ラファエロの保護者として、ファルネジーナ宮の造営をはじめ多くの注文を与えていることで知られている。しかし、「保護」を受けたのは、インペリアとラファエロだけではない。教皇でさえも、財政的にはキージの被保護者であった。キージがアレクサンデル六世に融通した金は二万ドゥカーティ、ユリウス二世に貸した金額は四万ドゥカーティと伝えられている。レオ一〇世にいたっては、一〇万ドゥカーティの債務者であった。これだけ借金をしていては、教皇といえども頭が上がらない。その見返りに、さまざまな特権が銀行家に与えられた。つまり、ローマの政、財界の大立者である。インペリアの天性の美しさは、この大立者の保護を受けて、いよいよ眩いばかりに輝いたのである。

その権勢がどれほどのものであったかをよく示すものとして、パオロ・ジョヴィオが伝えている次のようなエピソードがある。

教皇庁に勤めていたある食道楽の男が、ある日、町の市場に、珍種の大きな魚が入荷したことを聞いた。当時、そのような珍しい御馳走は、町の管理官に贈呈される決まりになっていたので、男は早速カピトルの丘の管理官の邸館に駆けつけ、口実をもうけて何とか一口でも御馳走にありつこうとした。ところが、管理官の家に行ってみると、魚は、リアリオ枢機卿への贈物として、枢機卿の邸へ届けられた後であった。男は、ただちに枢機卿のところへ出向いたが、魚は、サンセヴェリーノ枢機卿の許へすでに贈られていた。またもや肩すかしを喰わされた男が、その足ですぐサンセヴェリーノ枢機卿の邸を訪れると、今度はアゴスティーノ・キージに贈られた後であった。枢機卿はキージに大量の借金があったので、御機嫌を取る必要があったからである。そこで、男がいい加減くたびれ果ててキージの邸まで辿り着くと、すでに魚は、インペリアに贈られていたというのである。

この話は、おそらくは作り話であろうが、実際の権勢が表向きの格とはちょうど逆になっているところが面白い。結局、インペリアが現実には一番権勢があったということになるのが、話のみそである。
もう少し後に、マッテオ・バンデロが、彼女の住居の様子を『物語集』のなかに書き残している。これはすでにインペリアがなかば伝説の世界にはいり込んでしまってからのものだが、それによると、彼女の家を訪れた者はすべて「その豪奢なたたずまいと召使たちの服装を見て、皇女の邸館に導き入れられたのかと思うばかり」であったという。客間も、寝室も、それぞれに眼を奪う華やかさであったが、なかでも見事なのは、特に大事なお客を迎え入れるための私室である。

「……壁を覆う垂幕は、精妙な金の縫取模様を施した羅紗であり、そこに、金と群青に塗られた送り迫持《せり》ちがつけられていて、その上に、雪花石膏、斑岩、蛇紋岩等、さまざまの高価な材料で作られた立派な壺が並んでいた。そして、部屋のいたるところに、豪華な彫刻装飾のついた高そうな簞笥や金庫が置かれ、真中には、緑色のビロードで覆われた世界でも最も美しいテーブルがあった……」

その彼女の住居を訪れる選ばれた人びとのなかには、銀行家キージのほかに、スペインの大使や教皇庁の高官などがいた。現在フィレンツェのウフィツィ美術館にあるラファエロの肖像で有名な教皇庁図書館司書トンマーソ・インギラミも、ボローニャ生まれの人文主義者フィリッポ・ベロアルドも、詩人のベルナルディーノ・カペラも、一時期インペリアときわめて親しかった。ラファエロ自身が、彼女の恋人であったという伝説まであるが、これはおそらく創作

《アリストテレスとフィリス》。かの偉大な哲学
ら娼婦の魅力に抗えなかったという，ルネッサ
のポピュラーな伝説。ハンス・バルドゥンク・
ンの木版画。1513年

で駆けつけた医者たちの必死の手当の甲斐もなく、数日後に世を去ったのである。その理由については、詩人のアンジェロ・デロ・ブファロに対する満たされぬ恋のためであるとか、保護者のキージが別の女に心を移したからだとか、いろいろ推測がなされている

が、真相はわからない。だがいずれにしても、人眼を驚かすような豪奢な生活を送りながら、彼女は、心のどこかで、いつも何か満たされぬ空しい思いを抱いていたのではなかったろうか。彼女の莫大な遺産は、彼女自身の意志により、一〇〇ドゥカーティが母親へ、そして残りはすべて、人眼を避けてさる修道院に預けていた彼女の娘に贈られた。彼女と同じくルクレチアと名づけられたその娘を、彼女は、自分の生きている世界から出来るだけ遠ざけようと望んだのである。

参考文献

Bacchelli, R. et al., *Il Quattrocento*, Firenze 1954

Badia, Iodoco del, *A Florentine Diary From 1450 To 1516 by Luca Landucci*, London, New York 1927 ; 1969

Baltrusaitis, Jurgis, *Aberrations*, Paris 1958

Bondanella, Peter E., *Machiavelli and the Art of Renaissance History*, Wayne State University Press 1973

Breton, Guy, *Histoire d'amour de l'histoire de France*, T. II, Paris 1956

Burckhardt, Jacob, *Die Kultur der Renaissance in Italien*, Stuttgart 1960（柴田治三郎訳『イタリア・ルネサンスの文化』中央公論社）

Chabod, Federico, *Machiavelli and the Renaissance*, London 1960

Chabod, Federico, *Scritti sul Rinascimento*, Torino 1967

Chastel, A. et Klein, R., *Pomponius Gauricus : De Sculptura*, Genève 1969

Delumeau, J., *Vie économique et Sociale de Rome dans la seconde moitié du XVIe siécle*, Paris 1957

Garin, Eugenio, *Scienza e Vita civile nel Rinascimento italiano*, Bari 1965

Garin, Eugenio, *Medioevo e Rinascimento*, Bari 1966

Garin, Eugenio, *L'educazione in Europa 1400–1600*, Bari 1976

Gombrich, E. H., "The Early Medici as Patrons of Art", in *Italian Renaissance Studies*, London 1960

Hale, J. R., "War and Public Opinion in Renaissance Italy", in *Italian Renaissance Studies*, London 1960

Hale, J. R., *Machiavelli and Renaissance Italy*, Harmondsworth 1961

Hauser, Arnold, *Sozialgeschichite der Kunst und Literatur*, München 1953（高橋義孝訳『芸術の歴史』平凡社）

Hay, Denys, *The Italian Renaissance in its Historical Background*, Cambridge University Press 1961

Kristeller, P. O., "Giovanni Pico della Mirandola and his sources", in *L'opera e il pensiero di G. Pico della Mirandola nella Storia dell'umanesimo*, Firenze 1965

Larivaille, Paul, *La vie quotidienne des courtisanes en Italie au temps de la Renaissance*, Paris 1975

Lefort, Claude, *Le travail de l'œuvre Machiavel*, Paris 1972

Levi, Albert W., *Humanism and Politics*, Indiana University Press 1969

Logan, Oliver, *Culture and Society in Venice 1470–1790*, London 1972

Mcnair, Philip, "Poliziano's Horoscope", in *Cultural Aspects of the Italian Renaissance*, Manchester University Press 1976

Maïer, Ida, *Ange Politien*, Genève 1966

Mallet, Michael, "Venice and its Condottieri, 1404–54", in *Renaissance Venice*, London 1973

Martines, Lauro, *The Social World of the Florentine Humanists*, Princeton University Press 1963

Molho, Anthony, *Florentine Public Finances in the Early Renaissance, 1400–1433*, Harvard University

Press 1971

Origo, Iris, *The Merchant of Prato*, Harmondsworth 1963

Panofsky, E. u. Saxl, F., *Dürers Kupferstich "Melencolia I"*, Leipzig 1923

Panofsky, E., *The Life and Art of Albrecht Dürer,* Princeton University Press 1955

Pullan, Brian, *Rich and Poor in Renaissance Venice*, Harvard University Press 1971

Renaudet, Augustin, *Humanisme et Renaissance*, Genève 1958

Roover, Raymond de, *The Rise and Decline of the Medici Bank*, Harvard University Press 1963

Sachs, Hannelore, *La femme de la Renaissance*, Leipzig 1970

Schevill, Ferdinand, *The Medici*, New York 1949

Seznec, Jean, *The Survival of the Pagan Gods*, New York 1953

Shumaker, Wayne, *The Occult Sciences in the Renaissance*, University of California Press 1972

Walker, D. P., *Spiritual and Demonic Magic from Ficino to Campanella*, London 1958

Weise, Georg, "Der Humanismus und das Prinzip der klassischen Geisteshaltung", in *Zu Begriff und Problem der Renaissance*, Darmstadt 1969

あとがき

私は美術史の研究を専門としている者である。しかし、どのような部門でもおそらくはそうであろうが、美術史といっても、美術作品だけを相手にしていてはすまない場合がある。その上、生来物ずきのたちであるらしく、直接美術作品に関係のないことでも気になり出すと調べてみたくなる。たとえば、ルネッサンスの美術の繁栄に銀行家メディチ家の芸術保護が大きな役割を果したことはどんな美術史の本にも書かれているが、ではその高名なメディチ家とはどのくらいの金持ちであって、いったいどのようにしてそれだけの富を築き上げたのだろうかとか、ブルクハルト以来ルネッサンスの人間像の代表のように言われる傭兵隊長なるものは、どのくらい給金を貰ってどのような戦争をしたのだろうかといった類の疑問である。

このような問題は、当然経済史なり軍事史の対象として、それぞれ専門の研究者がいるに違いないが、少なくともわが国では、一般の人にも近づき易いかたちでそのような問題を説き明かしてくれた書物はあまりないようである。そこで、興味の赴くまま、関係の主として外国の書物を読み漁った結果、自分なりに理解し得たところを纏めたのが本書である。芸術というものが、人間の生活と密接に結びついている以上、銀行家や学者や娼婦の生活も美術史の研究にとって無縁であるとは私は考えないが、ここではそんな七面倒臭いことは言わずに、ただ興味のある話題として気楽に読んで頂ければ、それで結構である。もちろん、私の専門外の分野のことが多いので、具体的なデータなどは、それぞれの専門書から借用したものが多い。そのことは、本文においてもいちいち明記したが、さらに巻末に、直接私が参照した文献を、ダンテやマキアヴェリなど古典的なものは除いて、一覧表として掲げておいた。また、現代の銀行業務に関しては、友人である日本銀行の鈴木淑夫氏より種々御教示を受けた。この機会に御礼申し上げたい。しかしそれにしてもなお、私自身の浅学の故に、至らぬ所が少なくないに違いない。博雅の士の御叱声をお願いする次第である。

本書の第一章から第七章までは、もと、「ルネッサンス夜話」の標題のもとに、『月刊百科』昭和五〇年五月号から同五一年一二月号まで連載された。また第八章の「人相学——四性論と動物類推」は、『みづゑ』昭和三五年五月から九月まで、「デューラーと人相学」の標題で発表されたものである。いずれも、本書に纏めるにあたって、若干の補筆を施してある。最終章「ルネッサンスの女たち」は、本書のための書き下しである。

本書をこのようなかたちで上梓するにあたって、種々御世話を頂いた平凡社社長下中邦彦氏、ならびに同社編集部の方々には、心から御礼申し上げたい。特に担当の前田毅氏には、『月刊百科』連載の時以来、あらゆる点で助けて頂いた。また、連載中に激励を下さった読者の方々、ならびに家族の者にも感謝申し上げる。

昭和五四年五月

高階秀爾

平凡社ライブラリー版　あとがき

つい先頃、今年（二〇一五年）の春から夏にかけて、東京で「ボッティチェリとルネサンス　フィレンツェの富と美」と題する展覧会が開催された。これは、数年前にフィレンツェのストロッツィ宮殿で開かれた同趣旨の展覧会のいわば日本版で、内容は初期ルネッサンスの栄光を支えた美術作品、すなわち「美」と、それらを生み出した豊かな経済的背景、すなわち「富」の実体を、多くの展示品によって眼の前に見せてくれる催しであった。

実際、花の聖母マリア大聖堂をはじめ、数多くの教会、僧院、礼拝堂、あるいは富裕な市民の邸館、病院、孤児院、そしてそれらの建物を飾る壁画、祭壇画、彫刻など、現在まで残るこの時代の壮麗な美の遺産は、市民たちのたくましい経済活動に支えられていた。改めて指摘するまでもないが、これだけの多彩な芸術活動を実現するためには、優れた芸術家の才能と豊富な資金源を必要とする。独裁的な領主国家なら、支配者が権力にものを言わせて事業を遂行するということがあり得るかもしれないが、十五世紀のフィレンツェは、政治的権力が一人の人物に集中することを徹底して嫌った共和制国家である。強大な武力組織さえ嫌って、軍隊というものをいっさい持たなかった。そのフィレンツェが、大小多くの都市国家が競い合うイタリアにおいて、いちはやくルネッサンス文化の花を開かせることができたのは、何よりもその豊かな経済力の故である。事実、この時期のフィレンツェは、ヨーロッパに中支店網をめぐらしたメディチ銀行に代表されるような幅広い金融活動と、羅紗《ラシャ》、絹などの高級織物業をはじめとする活発な商業展開によって、他のどの都市よりも豊かな富の王国を築き上げていた。

私が今から四十年ほど前、本書に収められたいくつかの文章を執筆したのは、このフィレンツェの経済活動が実際にはどのようなかたちで行われていたのか、特に芸術のパトロンとして広く知られている銀行家メディチ家の財力はどれほどのものであったのかという点に興味を惹かれたからである。

同様に、本書で扱ったその他の主題も、美術史研究の途中で出会って興味を触発されたものである。例えばフィレンツェ共和国は、ウッチェロがその三部作のなかで後世に伝えている「サン・ロマーノの戦い」など、しばしば近隣諸国と戦火を交じえている。なかでも、ミラノ軍を相手にした「アンギアリの戦い」で勝利を得たことは、フィレンツェ人にとっては大きな誇りであり、その記念にヴェッキオ宮（フィレンツェ政庁舎）大広間を飾る壁画をレオナルド・ダ・ヴィンチに依頼するほどであった（この壁画は、さまざまな理由から中断され、その後別の壁画によって覆い隠されてしまったが、いくつかの部分模写がレオナルドの構想の一端を伝えている)。しかしこの記念すべき戦争で実際に戦ったのは、実はフィレンツェ人たちだけではなく、ローマ、ヴェネツィアとの連合軍であった。もともと自前の軍隊を持たないこの共和国は、戦争のたびごとに傭兵隊を雇っている。もっとも、その点では他の国々も似たようなもので、多かれ少なかれ傭兵隊に頼っていたから、結果として傭兵隊同士が争うこともしばしばであった。この時代、イタリア半島内での戦争が、後にドイツの皇帝軍がローマ攻略の時に見せたような凄惨な殺戮戦にならず、むしろ派手な軍事パレードの趣を示していたのは、そのためである。マキアヴェリは、『フィレンツェ史』のなかで、「アンギアリの戦い」の犠牲者は、両軍を通じてただ一人であったと述べている。その他、政府部内で枢要な位置を占めて政治的に大きな役割を果した学者たちの世界や、美術史と関係の深い占星術、人相学など、さまざまの分野におけるこの時代の人間の知的活動の表れである歴史事象が、本書の内容である。それはもともと私の個人的興味に発するものだが、同時に、美術に対する社会的要請、ないしは受容という視点から見た美術史の試みと言えるかもしれない。

このたび本書が平凡社ライブラリーの一巻として再び世に送り出されることは、著者にとって大きな喜びである。復刊にあたっては、若干の補註を加えたほかは、ほぼもとのままのかたちとした。平凡社、特に編集を担当された山本明子さんには、この場を借りて心からお礼を申し上げたい。

二〇一五年九月

高階秀爾

解説――人文教養書「再生《ルネッサンス》」のために

三浦　篤

　二〇一五年三月末、東急文化村「ザ・ミュージアム」で開催中の「ボッティチェリとルネサンス　フィレンツェの富と美」展を訪れ、展示室に足を踏み入れたとき不思議な既視感を覚えた。この展覧会はメディチ家に代表される銀行・金融業による芸術支援活動と十五世紀フィレンツェ美術の華麗な開花との関わりを、ボッティチェリの絵画を中心に示したもの。展示品には美術作品のみならず貨幣など当時の歴史資料も含まれ、社会史的な側面を強調した点が興味深かった。ところで、そのとき私が覚えた既視感というのは、似たような内容の展覧会を以前観たということではまったくなかった。ある書物の記憶が脳裏に鮮やかによみがえったのだ。それこそが本書、高階秀爾氏の『ルネッサンス夜話――近代の黎明に生きた人々』（初版一九七九年）にほかならない。

私が本書の元本を手にしたのは一九八〇年代前半だったと思うが、第一章「メディチ家の金脈と人脈」において、まさにルネッサンスの芸術保護活動を支えたフィレンツェの銀行家一族の金融活動、財政状況が解説されているのに目を瞠った記憶がある。「カタスト」と呼ばれる徴税制度を手がかりにメディチ家のずば抜けた財力を算定し、宗教的に禁止された「金貸し」に代わる「為替手形」という巧妙な手段を用いた銀行業務の実態を詳細に説明するくだりは、なるほどそういうことだったのかと思わず膝を打ってしまった。メディチ家が巨万の富を蓄積するやり方、いわば億万長者となっていく生々しいプロセスが、一家の歴史とともにきわめて具体的に述べられていたからだ。確かに、華々しいメセナ活動の裏にはしたたかな経済活動があったわけで、美術とお金、文化と経済の間にある、切っても切れない関係も否応なしに納得できた。ボッティチェリの名画の背後にあるものを知れば、その見方もまた複眼的にならざるを得ない。

実際、本書は何よりもまず、読み物として抜群に面白かった。ルネッサンス期のイタリア、特にフィレンツェを舞台とし、銀行・金融を皮切りに、病気、戦争、軍隊、学問、女性など、多彩なテーマが次々と繰り出されるのだ。フランス国王シャルル八世のイタリア侵攻と梅毒蔓延の顚末、今日では想像もつかない軍事パレードのような戦争の実態、時代の英雄である傭兵隊長のたくましい生き様とその末路、富の追求に学問的根拠を与え、政治家としても活躍した人文主義者たちの意外な素顔、ルネッサンスの文化、精神風土に独特の色合いを添える占星術や人相学、ルネッサンスの女たちの諸相（社会的地位、持参金、教育、美の追求、高級娼婦）等々、読み応え十分の章が次々と続いていく。詳しくは読んでのお楽しみだが、印象的なエピソードと生彩ある人物描写を交えた叙述に魅了され、気がついたらあっという間に読み終わっていた。なお個人的には、傭兵隊長ニッコロ・ピッチニーノと人文主義者レオナルド・ブルーニの話が特に印象に残っている。

つまるところ、本書はルネッサンスの政治、経済、社会、宗教、文化などすべての事象に関わる興趣つきない歴史読み物にほかならない。現代の私たちとは異なる考え方や価値観を持った人々が生活し、躍動していた時代を見事に復元し、その渦中に引き込んでくれる。学問的には、フランスのアナール派歴史学とも方向性が近いと言えようか。その意味で注目に値するのは、一見やや地味に見える第二章かもしれない。特別な人物ではなく、平凡なフィレンツェ市民で薬種商のルカ・ランドゥッチが残した日記を取り上げ、そこにルネッサンス特有の合理主義精神と現実を捉える冷静なまなざしをあぶり出している。その当時を生きるごく普通の人間のまなざしや生活感覚は、英雄や美女の活躍するエピソードとは異なる歴史のリアリティを教えてくれるのである。

ここで、著者の高階秀爾氏がいわゆる歴史学者ではなく、日本を代表する美術史研究者であることを思い起こすのは、とても大事なことだ。西洋美術史から日本美術史まで縦横に論じる氏の膨大な著作群の中で、実は専門の美術史からもっとも離れているのがこの『ルネッサンス夜話』なのである。第八章でデューラーの作品に詳しく言及するのを唯一の例外として、本書に美術の話はごく断片的な形でしか登場しない。これは美術史家の著作なのかと素朴に問う人もいるかもしれない。

この点に関しては、本書「あとがき」の中で著者自身が説明している。「私は美術史の研究を専門としている者である。しかし、どのような部門でもおそらくはそうであろうが、美術史といっても、美術作品だけを相手にしていてはすまない場合がある。その上、生来物ずきのたちであるらしく、直接美術作品に関係のないことでも気になり出すと調べてみたくなる」。ということで、著者はその実態が必ずしもよく知られていないメディチ家の財力や蓄財手段、傭兵隊長の給料や戦争のやり方などを調べ始めた。もちろん、「このような問題は、当然経済史なり軍事史の対象として、それぞれ専門の研究者がいるに違いないが、少なくともわが国では、一般の人にも近づき易いかたちでそのような問題を説き明かしてくれた書物はあまりないようである。そこで、興味の赴くまま、関係の主として外国の書物を読み漁った結果、自分なりに理解し得たところを纏めたのが本書である」。

すなわち、本書は歴史家による専門的な研究書ではなく、美術史家が作品の背景や周辺的な事柄に疑問を持ち、文字通り「興味の赴くまま」に関連文献を調べた結果を、自分なりの視点から纏め上げたものにほかならない。しかも、これが大事な点だが、一般の人でも十分読めることを意識して執筆されている。本書の美点であり、好個の「歴史読み物」となっているゆえんである。ここで強調しておきたいのは、そのような書物は簡単には書けないという事実だ。並外れた知性と博識、高度な語学力と構想力、加えて明快で流麗な文章、そんないくつもの条件がそろって初めて可能となる稀少な仕事なのである。正直、私の力の及ぶところではない。高度な内容を分かりやすく、深く語ることがいかに難しいことか、本書を読むたびに痛感する。

試みに、巷の書店の人文書の棚をのぞいてみてほしい。たとえて言えば、ほとんど「玄米食（専門書）」と「おかゆ（中身の薄い啓蒙書）」しかないというのが現状だ。白くふっくらと炊きあがった美味しい「ごはん（真の教養書）」はどこにあるのか。すなわち、普通の市民が、学生や社会人が興味を持って読める、人間について考えさせてくれる、滋味豊かな「人文教養書」はいったいどこで見つかるのか。めっきり少なくなったというのが、私の偽らざる印象である。今こそ本書の示すもの、人間を深く研究する学問としての人文学（ヒューマニティーズ）の豊かな成果を思い起こすべき時が来ている。場所や時代によって人間の在り方、社会や文化は変わるけれども、同じ人間として変わらない部分もある。そんな人間の複雑な様態に測鉛《そくえん》を下ろし、歴史的にきちんと検証し、過去をよみがえらせていく。それをまことに愉しげに実現しているのが高階氏の著作なのだが、ご本人はきっと、そんな肩肘を張るつもりはなく、単に雑学を楽しんでいるだけだ、とでもお答えになるだろう。その余裕こそが良質の教養書の証しでもあるのだが。

ところで、本書によって「高階人文学」の魅力を知った人はどうすればよいのか。氏には素晴らしい著作がたくさんあるので、いくつか紹介してみよう。

イタリア・ルネッサンスに興味を抱いた方には、ためらうことなく『フィレンツェ――初期ルネサンス美術の運命』（中公新書）と『ルネッサンスの光と闇――芸術と精神風土』（中公文庫）を薦めたい。前者はフィレンツェ共和国における芸術の運命、その栄光と挫折のドラマをたどった名著であり、後者もまた図像解釈学を援用してルネッサンス美術をその精神風土から解明した力作である。本書を入り口として、美術を中心に据えたフィレンツェ論、ルネッサンス論にぜひとも挑戦していただきたい。

これから西洋美術を知りたいという初心者には『名画を見る眼（正・続）』（岩波新書）がお薦めだが、これはもう美術啓蒙書の決定版と言ってよい。私自身ここから美術史への興味を育てていった思い出の本でもある。個別画家研究としてはスリリングな『ゴッホの眼』（青土社）が出色の出来だし、西洋美術に対する高階氏の見識と視野の広さを感得するためには、マニエリスムから現代までを扱った『西欧芸術の精神』（青土社）という読み応えのある論文集もある。さらに、美術史学という学問を知りたい人がいたら『美の思索家たち』（青土社）に手を延ばしてみよう。美術史学の基本的な方法論のポイントが分かるので、専門書へとスムーズに進んでいける。

「高階人文学」には日本美術や比較美術史も含まれている。『日本近代美術史論』（ちくま学芸文庫）は西洋絵画を踏まえた独自の視点から日本近代絵画を見直した名著で、論理と感性のからみ合いが圧巻。『日本美術を見る眼——東と西の出会い』（増補版、岩波現代文庫）は、著者にしかできない日本美術論を超えたワールドワイドな比較美術論にきっと目を開かされることだろう……。

きりがないのでここで止めるが、他にまだいくらでもあると付け加えておく。

初めて本書を読む人は、銀行家や商人、傭兵隊長や学者、政治家や娼婦が生動する姿を目の当たりにして、ルネッサンスの社会と文化に関して新鮮な認識を得るに違いない。そればかりではなく、翻って自分も含めた人間の生についていくばくかの思いをめぐらすことにもなるだろう。それは読書の愉悦にひたりながら、人生を豊かにすることに通じる道である。あなたもまた高階ワールドの住人となり、良質の人文教養書をゆっくり味わってほしい。心からそう願いつつ筆を措きたい。

（みうら　あつし／東京大学教授）

平凡社ライブラリー　833

ルネッサンス夜話《やわ》

近代の黎明に生きた人びと

発行日…………2015年10月10日　初版第1刷
2017年12月1日　初版第2刷

著者……………高階秀爾

発行者…………下中美都

発行所…………株式会社平凡社
〒101-0051　東京都千代田区神田神保町3-29
電話　東京(03)3230-6583[編集]
東京(03)3230-6573[営業]
振替　00180-0-29639

印刷・製本……藤原印刷株式会社

DTP…………株式会社光進＋平凡社制作

装幀……………中垣信夫

ISBN978-4-582-76833-6
NDC 分類番号230.51
B6変型判（16.0cm）　総ページ318

平凡社ホームページ　http://www.heibonsha.co.jp/
落丁・乱丁本のお取り替えは小社読者サービス係まで
直接お送りください（送料、小社負担）。

平凡社ライブラリー　既刊より

【思想・精神史】

K・リーゼンフーバー……………………西洋古代・中世哲学史
K・リーゼンフーバー……………………中世思想史
M・マクルーハン ほか編著……………マクルーハン理論――電子メディアの可能性
N・マルコム…………………………………ウィトゲンシュタイン――天才哲学者の思い出
R・ヴィガースハウス…………………アドルノ入門
S・トゥールミン ほか…………………ウィトゲンシュタインのウィーン
イマヌエル・カント……………………純粋理性批判 上・中・下
エドワード・W・サイード……………オリエンタリズム 上・下
エドワード・W・サイード……………知識人とは何か
ゲオルク・ジンメル……………………ジンメル・エッセイ集
ピエール・クロソフスキー……………古代ローマの女たち――ある種の行動の祭祀的にして神話的な起源
ポール・ド・マン…………………………美学イデオロギー
マルティン・ハイデッガー……………芸術作品の根源
G・C・スピヴァク……………………デリダ論――『グラマトロジーについて』英訳版序文
T・イーグルトン…………………………イデオロギーとは何か
T・イーグルトン…………………………シェイクスピア――言語・欲望・貨幣
黒田　亘編……………………………ウィトゲンシュタイン・セレクション

【世界の歴史と文化】

E・ガレン……ルネサンス文化史——ある史的肖像
J・J・ヨルゲンセン……アシジの聖フランシスコ
ジェローラモ・カルダーノ……カルダーノ自伝——ルネサンス万能人の生涯
ドニ・ド・ルージュモン……愛について——エロスとアガペ 上・下
ピロストラトス……英雄が語るトロイア戦争
ホメーロス……イーリアス 上・下
マルコ・ポーロ……[完訳] 東方見聞録 1・2
ヨハン・A・コメニウス……世界図絵
河島英昭……イタリアをめぐる旅想
清水廣一郎……中世イタリア商人の世界——ルネサンス前夜の年代記
川北 稔……洒落者たちのイギリス史——騎士の国から紳士の国へ
谷 泰……牧夫フランチェスコの一日——イタリア中部山村生活誌
角山 榮＋川北 稔 編……路地裏の大英帝国——イギリス都市生活史
今橋映子……異都憧憬 日本人のパリ
松原秀一……異教としてのキリスト教
上智大学中世思想研究所 監修……キリスト教史 全11巻